上機嫌の作法

齋藤　孝

角川oneテーマ21

目次

第一章　なぜ私は上機嫌なのか　9

第二章　上機嫌列伝　49

第三章　気分をコントロールするからだを作る　81

第四章　かつて「不機嫌の時代」があった　111

第五章　上機嫌の技化のメソッド　137

まとめ　上機嫌の作法　167

第一章　なぜ私は上機嫌なのか

「上機嫌力」の必要性

なんて無意味に機嫌の悪い人が多いのでしょう。

不機嫌にしていることで、メリットがあるでしょうか？　考えてみてください。誰かが気分よくなったり、もしくは仕事が進んだりするのか。不機嫌ムードを発していることで仕事がうまく進むのであればともかく、実際そんなことがあろうはずがない。**くよくよして、むっとして、無気力でいて、何か新しいものが生まれるでしょうか？**

私には、**不機嫌さは「なんらかの能力が欠如しているのを覆い隠すため」だとしか考えられません。**たとえば、無能さを突っ込まれないようにするため。あるいはお調子者だとかバカだと思われないようにするため。不機嫌であることが、あたかも威厳があり、知的であるかのように思うのは大きな勘違いです。

機嫌とは、人の表情や態度に表れる快・不快の状態です。気分的なものに左右され、自分の意思では制御できないもののように思われている節があります。しかし、人間が社会的動物として生きている以上、ただ気分のなすがままにしていたのではダメなのです。不機嫌さは、自分に殻を作ります。人に対してオープンでなければ、対人関係はうまくいかない。自分の属する社会、たとえば会社、学校、家庭……人と人で成り立っているあらゆる場において、互いの関係をよりスムーズな心地よいものにしていくためには、各々が気分をコントロールする努力が必要です。

その時々の気分に揺れることなく、常に安定した上機嫌の心持ちを維持継続して物事に対応できれば、世の中から対人関係のトラブルはなくなります。

つまり、**円滑なコミュニケーションのための手段として、「上機嫌」な状態を自分の「技《わざ》」にすること**を提唱したいのです。これは天然の上機嫌とは違います。意識して身につけ、いつでも自在に上機嫌モードに入れるようにする技。だから「上機嫌力」なのです。

自分の不機嫌さに気づいていない人が、大人にも子どもにも増殖しています。仏頂面《づら》をする理由など何もないのに、なぜか不機嫌。自分の不機嫌に気づかない人は、場の空気を淀《よど》ませます。

上機嫌力は、現代人に非常に欠落している要素ではないかと思います。

なぜ私は上機嫌なのか

かく言う私自身、実際に上機嫌を技化《わざか》したのです。

私は、上機嫌に相手の弱点を突きまくります。手厳しいことをズバズバと、しかしにこやかな表情で言う。「この程度のこともできないのは、能力が低過ぎます」といったことを、ハイテンションに明言する。そこにみんな戸惑う。すこぶる機嫌よく怒るわけですから当然です。「このギャップに最初は耐えられませんでした」「ニコニコしながらきついこと言うのは止めてください」と、学生は言います。気分の揺れに任せて感情で怒るわけではなく、技だからできるのです。

ある年の卒業式の日に、大学で私の授業を受け続けてきた学生の一人がこう言いました。

「四年間授業を受けてきましたけれど、先生は常に上機嫌でしたね。私はそのことにずっと感心していました」

授業が毎回気分に揺れることなく、一貫して上機嫌で行われたことが、彼女にとっては一番印象的だったというのです。それほど、教職にある人間が上機嫌を維持できていないということでもあるのでしょう。

私も元から上機嫌な人間だったわけではありません。それどころか、私には二十代にとてつもなく不機嫌な時代があった。人も近寄らないほどの時代があったのです。

思春期というのは誰しも不機嫌になりがちですが、私の場合、特に親元を離れて東京で大学生活を送るようになった頃から、激しい不機嫌時代に突入しました。世の中をはかなむ気持ちになって、誰であっても一緒にいるのが厭《いや》だった。引きこもっていた。ですから、大学時代の友人は「いつからそんなにテンション高くなったの？」と不思議そうに言います。

私は学生たちに、「無意味な不機嫌さ、無意味なシャイさが、君たちの成長を妨げているんだ！」と言ってきました。これは私自身の経験則です。私の不機嫌な時代は、研究者として雌伏の時期を過ごしていた二十代の終盤まで長く続きました。当時の無意味な不機嫌さの余波が、対人関係の面でボディブローのように響いてくることがあります。そのために私はいまだに損をしている面があるのです。

基本的に、素《す》は不機嫌な人間です。他人に対する罵詈《ばり》雑言を最も得意技とする私が、とてつもない不機嫌な時代を乗り越え、実際に自分で上機嫌を技として身につけた。だからこそ、人前での不機嫌には意味がないと言い切れるのです。

では、転機は何だったのか。教育者の立場として人前に立つからには、相手にこちらの言うことを聞く気にさせなければならない、そのためには常に上機嫌であることが肝要だと考えたのです。そして、気分の波を制御し、いつでも上機嫌モードで人と接することを自分に習慣づけるようになったのです。

ですから、私は意図的に「上機嫌をやっている」のです。癖づけたのです。すると不思議なもので、敢《あ》えて上機嫌にしようと思わなくても、教壇のような場所に立つだけで、内側から機嫌がよくなるようになった。疲れが溜《た》まっていたり、ちょっと具合が悪くて気分がよくないときでも、壇上に立ち、生徒や聴衆を前に上機嫌に話していると、次第に気分もからだの調子までもすっきりしてくるようになったのです。

今では、授業をする、講演をする、仕事の打ち合わせをすることで気分が晴れ、真の上機嫌になれる。心身が上機嫌の技に馴《な》らされているのです。

不機嫌が許されるのは、赤ん坊か天才だけ

厭なことがあって不機嫌、いいことがあったら上機嫌というのはふつうのことです。しかし、人と接するときに気分をそのまま出すことは、かつてはあり得ないことでした。気分などという個人的なものはさりげなく包み隠し、互いに人への気遣い、場への気遣いをしながら営んでいくのが社会生活の常識だったのです。

世の中にこれほど不機嫌が蔓延《まんえん》してしまった原因は、この「気遣う」ということをしなくなったからです。共存空間を心地よくするために、人を思いやる、場に対して気配りをするといった感覚を教えてこなかった、養ってこなかったがために、今やそれが当たり前であることすらわからなくなっている。

そして、自分が不機嫌をさらしていることにも気がつかなくなってしまった。深刻な問題です。

基本的に、不機嫌でいて許されるのは、言葉で意思の疎通を図ることのできない赤ん坊だけだと私は思っています。泣いたりむずがったりすることでしか心身の状態を訴えることができないのですから、やむを得ない。しかし、それも幼児期までです。

または、特異な才能を持った天才と呼ばれる人たち。膨大な知性を持つ学者や際立ったものを創り上げる芸術家は社会や状況への不満、不可解さ、苦悩といったものをバネに、新しい価値観を生み出すことがあります。それゆえ多少の不機嫌さや変人ぶりも世間が認めるところです。しかし、凡人である私たちが不機嫌でいいはずがありません。

人間は本来、すべからく自分の気持ちをコントロールできる状態にあるべきなのです。

ところが、理不尽なことに、今の世の中は不機嫌な人に甘い。子どもに何を尋ねてもまともに返事をせず、無愛想に「別に……」と答えるだけでも、親は文句も言わない。むしろ腫《は》れ物に触るような扱いをする。社会でも、強面《こわもて》で権力の中心に座っているタイプ、気分を害するとやっかいだな、という人のほうが尊重される。不機嫌にしていたほうが、周りは構ってくれる風潮がある、これは明らかにおかしい。

たとえば、出版界には文壇バーと呼ばれるような魅惑的な世界があって、作家を気持ちよく仕事させるために接待してくれるという話を聞きますが、誰も私をそういうところに連れて行ってくれません。上機嫌が慢性化している私は、そういう場に行く必要がない、不機嫌を上機嫌に変えるための燃料が必要ないと思われているようです。なにも銀座のクラブで遊びたいと言っているわけではありませんが、私が常に上機嫌なために構ってもらえないのだとしたら、ちょっと損をしているかとも思う。

不機嫌な人を尊重するような社会を容認してしまっては、歯止めが利かなくなります。不機嫌というものは何の力でもないことをはっきりさせ、社会に認識してもらいたいと思います。

たとえば、部下が不機嫌で上司が上機嫌な場合は、まだ、「お前、何ブスっとしてるんだ。おかしいよ」と諭すことも注意を促すこともできます。しかし、「部長、そんな仏頂面しないで、一つ元気に行きましょう！」とはなかなか言いにくいものですし、実際にそんな進言をする部下はまずいないでしょう。ただただ上司の「機嫌をとる」か、嵐の過ぎるのを待つということになり、結局のところ人の多くの時間が無駄に使われることになるのです。

無意識に不機嫌な状態に陥り、それに気づかないということ自体、日本の社会にとって大きなマイナス要因となっている。その空気の重たさを打開するには、エネルギーが必要です。

一人ひとりが不機嫌から抜け出す。それが沈滞した今の日本を活性化する、最も手っ取り早く効果的な方法です。

上機嫌はバカ、不機嫌は知的という誤解

機嫌は気分的なものだと考えられているために、しばしばイメージで語られます。

たとえば、「いつも上機嫌」というと、お調子者でちょっとネジの緩んだバカなんじ

ゃないか、というイメージがある。逆に、「いつも不機嫌」というと、しかつめらしい顔をして難しいことばかり考えている人、だから頭のいい人、というイメージがある。はたしてそうでしょうか。それは落語や芝居に登場するステロタイプな姿でしかない。人間とはそんなに単純ではありません。

機嫌を縦軸に、知性の有無を横軸に図化してみましょう。

たとえば、スポーツ選手はあまり頭がよくないというような思い込みがあります。勉強をしないでスポーツばかりに熱中してきた「筋肉バカ」のような印象です。あんなにスポーツができるうえ、さらに頭がいいわけがない、と思いたい気持ちが、どこか人のこころに巣食っている。

しかし、一つの世界でトップレベルにまで昇りつめることは、頭がよくなければできないことです。たとえ学校の勉強は疎《おろそ》かになりがちだったとしても、スポーツをやることで心身両面において優れた能力を培うことができたからこそ、トップに立つことができるのです。

しかも、優れたトップアスリートはメンタル面も鍛えられていますから、自分の気

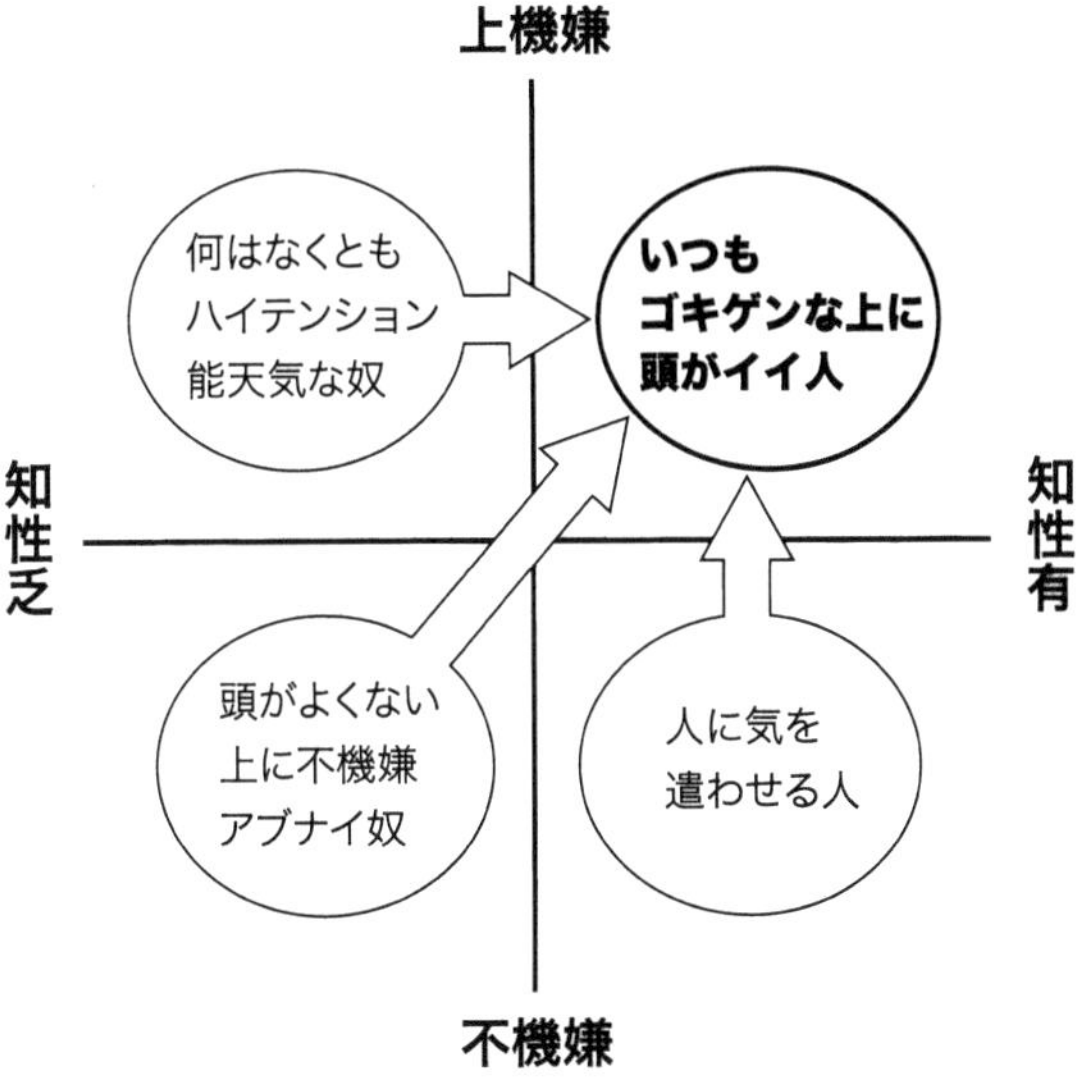

■図1 上機嫌と知性の相関図

分をコントロールする術を完全に身につけています。ですから、大抵の場合は上機嫌に人と接します。つまり、一流のスポーツ選手は上機嫌だけど知性に欠ける左上のエリアではなく、上機嫌で知性のある右上のエリアに属する。

　まれに、イチロー選手や中田英寿《ひでとし》選手のようにマスコミへの対応がやや無愛想な人もいますが、彼らが不機嫌そうなのには理由があります。過酷な現実に立ち向かっている現役選手には、発言にも行動にも深い意味が求められる。またそれが彼らのキャラクターとなっている。しかも、かつてメディアにイメージを押しつけられ、マスコミ不信に陥ったという過去もある。ただ私としては、社会を明るく盛り上げるスターの使命として、彼らはもう少し上機嫌に振る舞ってもいいのではないかと思います。

一方、知的な人間はやたらとニコニコ愛想よく振る舞ったりしないものだという思い込みもある。作家や学者というのはどちらかというと根《ね》暗《くら》で不機嫌なものに違いないというイメージ。知性があって不機嫌という右下のエリア。しかし、実は作家も学者も本当に頭のいい人は知的かつ上機嫌な右上エリアに属する人が多い。

今は**「バカで不機嫌」が増大中**です。頭のよさが総崩れになっているところに、気分をコントロールして機嫌よく振る舞うという習慣までなくなって、人間としての資質が失速している。

上機嫌と頭がいい状態とは両立します。気分をコントロールできるということは社会性があることだ、という意識を確固と持ちましょう。不機嫌が癖になると、動きにくくなります。**運動不足と同じように、こころの運動能力が下がってしまうのです。**

誤解の一つに、仕事のできない人間がへつらうように人の機嫌を伺い、できる人間はでんと大きく構えているものだという先入観があります。いつも機嫌よく接する人を見て、できる人はこんなに上機嫌であるはずがない、と思う。いや、思いたいのです。これも人間の愚かなる嫉妬《しっと》心です。

仏頂面をしていると何か意見がありそうに見えるかもしれませんが、実は前向きに生産性のあることを考えている人は頭が回転していますから、顔が生き生きとしていて、身体が柔らかくレスポンスが早い。じっと硬まって渋い表情を続けてはいられないものなのです。

このように、「上機嫌＝バカ」「不機嫌＝知的」というような単純な構図は成り立たないのです。この本を読んで身につけて欲しいのは、もちろん知的で上機嫌な技です。

笑えないからだに要注意

私が感じるところでは、不機嫌兆候が特に著しいのは、四十代以上の男性、思春期の子どもたち、特に人が集団で受け入れ拒絶態勢に入った状態のときです。それぞれ然るべき原因がある。私は次のように分析しています。

四十代以上、特に四十五歳を過ぎた男性は、激しく不機嫌になります。中年と言われる年齢にさしかかった人たちは、実際には不機嫌ではないにしても、ふつうにしているだけで不機嫌に見えるという十字架を背負っているのです。

これには原因が二つ考えられます。

一つは反応が鈍くなるため。**反応が鈍いと、周囲から見ると不機嫌そうに見えます。**

二〇〇五年初頭に朝日新聞に掲載された世論調査によれば、「よく笑っている」と自覚のある日本人男性は、五十六パーセントにすぎません。

学生を見ていますと、女性と男性とでは、笑う量はほとんど変わりません。つまり、どちらも「上機嫌度」に差はない。ところがこれがビジネスセミナーになると、笑いの量、上機嫌度に圧倒的な差が出ます。四十、五十代と進んでいけばいくほど、男性の上機嫌度が下がってゆくのです。

一般にこの年代にさしかかった男性は、からだが硬くなり始めます。肩胛骨《けんこうこつ》回りから首回りが硬くなって、横隔膜を揺すれなくなる。すると、笑いにくいからだになり、「笑う」という人間にとって当たり前の動作が自然にできなくなるのです。

年齢とともにからだが硬くなる傾向は女性も同じなのですが、生理、出産、更年期障害といった身体的変化と常に向き合っているために、女性は自分の身体の変調に敏感で、適応力もある。その点男性の場合は、変調を自覚しにくいうえに、自分がそうであるとなかなか認めたがらないケースが多いのです。

からだの反応が鈍くなると、レスポンス能力は下がります。何を言ってもぶすっとしていると、たとえ本人は敵意を持っていないとしても、相手からは、「この人は自分に対して敵意や嫌悪感を持っているようだ」と思われます。

子どもはとても柔らかい。泣くのも笑うのも、叫ぶのでも、実に表情豊かに外界に反応します。ところが、からだの柔らかさ、反応の豊かさがだんだん少なくなり、最後には反応できなくなる。これが「歳をとる」ということです。いつの間にかからだが不機嫌な状態、反応の悪い状態に陥っている。

年齢を重ねるに従って、不機嫌に見える度合いが増してくる。これは、生命体として持つ宿命のようなものです。犬でも同じです。子犬はいつもキャッキャッしていて、生命力に溢《あふ》れている。しきりにしっぽを振り、活発に走り回り、人間といることが楽しくて仕方ないという表現をしてくれる。その犬でさえも、老年期に入ると表情が乏しく動きが緩慢になり、しっぽを力強く振ることが難しくなってきます。

生命体というのは、加齢とともに反応が鈍くなってご機嫌でいられなくなるという宿命にあるのです。したがって、**上機嫌力を身につけておかないと、反応の長期低落傾向に歯止めがかけられない**のです。

「笑う」ことは重要なテーマです。上手なポイントで上手に笑う技を持つ人は上機嫌に見えますし、周りをも上機嫌にさせます。

笑うことに抵抗感がある場合は、既に身体反応がかなり鈍くなり、からだが硬まっていると考えられます。人と対話するときに、できるだけ頷《うなず》く、ニッコリすることを意識してみましょう。まずは、柔らかい反応ができているかどうか、セルフチェックをしてみる。口元の両端が下がっていないかが、一つのチェックポイントです。笑顔のときは口元が緩み、口の端が上がります。しかし不機嫌と見られる表情は、たいてい口がへの字に下がっているものだからです。

いい歳をした大人の男がへらへら笑えるか、男は渋さが大事なんだ、という思いもあるでしょう。ですが、自分が平静を保っていると思っている状態でも、周りから見たときには不機嫌そうに見えることを意識しないといけません。笑顔が作りにくくなったら、社会への適応性が薄れてきた兆候だと自覚すべきです。

「プライド」「無気力」は、ネガティブパワー

人を不機嫌にさせるもう一つの理由が、プライドという問題です。四十代以上の男性に限らず、不機嫌な人は一般に、必要以上にプライドを気にかけます。

特に多く見られるのは、プライドを守ろうとして毅然《きぜん》とした態度、威厳ある姿勢を保とうとした結果、不機嫌になってしまうパターン。中には、尊大な感じを示すと実力があるかのように見えると思い込んでいる、とんだ勘違いの人もいます。言葉にすると滑稽《こっけい》ですが、現実にはかなりよくある例です。

自分を認めて欲しいという意識が過剰に強い人、いわゆる「自己チュー」に陥りがちな人に多く、自尊心を守りたいために自分に殻を作ってしまう。あるいは、人の意見に頷いたり笑ったりすることさえも、プライドが邪魔してできない。常に他者への競争心や嫉妬心に囚《とら》われ、他の人を素直に受け入れることができない。閉じているのです。他人との良好な関係を築くためには、からだもこころもオープンな構えにすることが肝心です。

不機嫌にしていると周囲が気遣いを見せてくれるのは、敬意を払われているのではなく、労《ねぎら》われているのです。社会性がある成熟した人間として見られていないのだと気づかなくてはなりません。

不機嫌な人は、周囲にどういう影響を与えるか。**不機嫌な人は場の空気を気まずいものにしてしまいます。**一人ひとりのからだと心理のこわばりが上機嫌の妨げとなって、世の中を不機嫌にしているのです。

不機嫌が一人であっても重苦しいのに、集団になったらどうなるか。個人的な資質とは別に、妙なネガティブパワーが発揮されます。

私はあちこちに講演に出かけます。私の講演はただ一方的に話をするだけでなく、テーマに即して実践的訓練をしてもらいます。話を聞いて頭で納得しても、実際にやらなければ何の意味もありません。そこで、「これをやってください」「こうしてみてください」と言うのですが、リアクションがまるでないことがあります。

「ずいぶん抵抗感があるようですね。小学生みたいだとか、馬鹿馬鹿しいとか、いろいろ思うかもしれない。しかし皆さんはこういう訓練をやったことがないのだから、このことの持つ意味は絶対にわかりません。意味がわからないで抵抗するのは無意味です。素直な気持ちでやってみてください」と説明しても、なお反応がない。

その何百人の集団から、「受け入れまい」「絶対学ばんぞ」といった、ある種のネガティブパワーが出る。素直に受け入れようという気持ちに欠けている。一人ひとりと会えば、けっしてそんなことはなくても、集団になると途端に頑《かたく》なになってしまう。それがつるむという意識です。こういう**無気力の連帯感に押しやられては損をするだけです。**

思春期の不機嫌を放置しない

人間は、だいたい思春期から不機嫌というものを覚えていきます。いろいろ本を読んで考える、恋をして悩む、周囲の大人を煙たく感じる、自分は何かもっと違ったものになりたいと思う、そんな青春時代から不機嫌モードに入る。

「うつむいて　うつむくことで　君は生へと一歩踏み出す」

これは、谷川俊太郎さんの『うつむく青年』という詩の一節です。うつむいて内省し、世の中に迎合しないで自分自身の世界を作り上げようとするのは、青年の特徴です。

また、尾崎豊に、『十五の夜』という歌があります。「盗んだバイクで走り出す」という歌詞は、十五歳という自立前の年齢のどうしようもない鬱屈《うっくつ》を描いているから人の共感を呼ぶのです。しかし、二十歳をすぎてもこれをやっていたら、社会からは受け入れられません。「二十五の夜」に「盗んだバイクで走り出」したら、それは単なる社会からの逸脱、犯罪にすぎません。

石川啄木《たくぼく》は、「不来方《こずかた》の　お城の草に寝ころびて　空に吸はれし　十五の心」と詠《よ》みました。このような哀愁も、青年期には似合います。

今の時代、人に気遣いのできる上機嫌な子どもを期待する向きは少ないと言えましょう。成長期の精神的安定は求められていない。たとえば、中学生は親しい友だち同士だと仲がよくてご機嫌ですが、大人や、仲間以外の人に対しては不機嫌で、それもまた仕方ないという空気があります。反抗期だからです。これは人間の成長に必要欠くべからざるもので、最近反抗期らしい反抗期がないのが心配されるという論を唱える方もいらっしゃいます。

私自身は、**反抗期というものは必ずしも必要ない**と考えています。基本的に人に気を遣うという能力は、「技」であり、こころの習慣の問題です。そのこころの習慣を、ある時期全くなくしていいというのは、社会としておかしいと思うのです。

十代の精神的に葛藤《かっとう》の多い時期だからといって、人に対する気遣いをしなくていいということはありません。この習慣を忘れてなくしてしまっていいと許容してしまいますと、身についた「当たり散らし癖」や「むっとしたまま癖」はその人の中で続いてしまい、当たり前のものとなってしまうことが多いのです。ここから脱却しようとすれば、もう一度「人に気を遣う」という技を、自分の中で作り直さないとなりません。

現在は、子どもが不機嫌であっても無愛想であっても、積極的に直す努力をしない。たとえば、会話をしない状態も放置している。親が話しかけても何も答えない。「別に」「ふつう」がせいぜいです。**「別に」「ふつう」というのは、会話を拒否した状態であり、拒否の意思表示です。**それはいけないことだと、はっきりと指摘しなければならない。相手と関係を結びたくないという意思表示、会話に対してきちんと答えないという拒否状態が、成長にとって必要なことであるとは私は思わないのです。

大学を卒業して社会に出るのは二十二、三歳ですから、現在はその辺りまでを青年期と呼んでよいでしょう。人生の中の溶鉱炉的な時期であればこそ、少々心理的な崩れや揺らぎがあっても、社会全体が許容し、成長の一環として見守ろうとするのです。

十代の若者にとって今の日本の状況は、古今東西の歴史を踏まえてもまれに見る幸運な時代です。戦争下でもなく、社会が極度の貧困に喘《あえ》いで今晩の食べ物にも事欠く、という悲惨な状況でもありません。つまり、社会全体が不機嫌でも仕方ない切羽詰った状況下で生きているわけではない。にもかかわらず、昭和初期に比べ機嫌がよくなっているかというと、気分は常にこもっている。**気分がこもっているということは、不機嫌であるということです。**

かつての日本は、人に対して気を遣うことを、徹底的に鍛えてきた社会です。気を遣えない人、たとえば話しかけられて挨拶《あいさつ》もできない人は、社会的に通用しなかった。無反応であったり、その人だけが不機嫌にしていると、多くの人が気を揉《も》む結果になるので、気を遣うことをこころの習慣として要求し続けてきた。ところが、核家族化が進み、２ＤＫの家庭内には気を遣わなくていい相手しかいなくなり、気遣いが鍛えられなくなった。

十代の終わりは、本来ならば生殖活動に入る時期ですが、それが勉強などのさまざまな事情で抑えつけられるため、青年には基本的な欲求不満がある。その時期に気分をコントロールできなくなることは、ある程度仕方がない。しかし、中学、高校時代のこころの習慣を二十代になっても引きずってしまうのは、社会性の欠如です。直さなければならない問題なのです。

からだを上機嫌モードにする

上機嫌力をつける前段階として、私が対人関係で大事だと考える四つの身体的基本原則を挙げましょう。

① 目を見る
② 微笑む
③ 頷く
④ 相槌《あいづち》を打つ

相手の目を見られない人は、実社会の中では厳しい。それだけで、相手に不信感を与えてしまいます。目を見ることで、人と人との間に線が繋《つな》がると、私は考えます。その線にのせて話すからこそ、言葉が相手に届くのです。大勢の人を前にすると目が泳ぐ人もいます。宙に向かって目を泳がせている人の言葉は、聞き手に届きません。一人ひとりと目を合わせるくらいの気持ちで話すと、聞き手の意識もはっきりとし、言葉を受け止める状態になります。

次に、そんなに面白いことでなくても、微笑むこと。微笑みは、相手を勇気づけます。相手の存在を受け入れている、好感を持っていますよ、という意思表示です。拒絶の不安を感じながらする話は、揺らぎます。揺らいだ話を聞かされると、聞く側はますます朦朧《もうろう》とし不機嫌になるという悪循環に陥ります。

頷くというのは「相手の話を聞いていますよ」というサインです。これだけでも自分が不機嫌ではないというアピールがかなりできます。**不機嫌な人は、とにかく微笑まない、頷かない。**逆に、人が話しているときに首をひねったりします。疑問を提示しているわけですが、人の話の最中にやたらと首をひねる癖は、相手に不愉快なイメージを与えるだけです。疑問を提示することで、相手より優位に立つといった思い違いがあるのでしょうが、これでは動物的な争いをしているような感じを受けます。首を斜めにひねるのではなく、縦に振るだけで他人に与えるイメージはグッとよくなります。**頷くことは、上機嫌への道としては非常に有効です。**

最後の相槌を打つ、というのは頷くこととセットです。相手のリズムを崩さないように、会話に合いの手を入れる。これは話の内容のみならず、場や身体、間《ま》に関わる問題です。短い応答の中でも、相手に対する気持ちがにじみ出るのです。

意識してこの四つをやるだけで、コミュニケーションは格段と円滑になります。さらにこれにプラスするものがあるとすれば、それは**場に対する当事者意識**でしょうか。

「ふっきり上手」になる

からだを上機嫌にしやすいモードにすることができたら、次は意識です。

欧米人と比較したとき、日本人はユーモア、ジョークやエスプリの感覚が乏しい。ジョークは技です。訓練を積んでいないと言えません。場を盛り上げ、気分をほぐし、相手と自分の関係をもっといい状態にしようという明確な意志のないところには、ジョークは生まれません。

人と一緒にいる間は、楽しい時間を過ごすようにお互い努力する、という暗黙の基本ルールが、現在の日本ではあまり共有されていないと言っていいでしょう。場に対する責任感、当事者意識が希薄すぎる。その場は、**自分を含めた一人ひとりのからだの延長です。場にいる者は、沈滞した空気に対して、当事者としての責任がある。**不機嫌が平気な人というのは、自分の存在を相手に認めさせたいという自己中心的な考え方から脱却できていないのです。

自分と他者がいる場を活気づけていく。空気を活性化して盛り上げて、和むように、楽しくするように持っていくことが、互いに一緒にいる空間と時間を祝福することになる。相手や場が見えていれば、あるいは自分に辛いことがあったとしても、むしろそれがエネルギーとなって、外に対してより元気に、エネルギッシュに上機嫌に振舞える。上機嫌になる要因がなくても、敢えてできるところに技としてのポイントがあるのです。

つまり、自分と相手、自他ともに肯定できるかどうかが、上機嫌の技の基本にあります。「自他肯定力」は、上機嫌な空気を周囲に及ぼすことができる人の持っている力です。

上機嫌力の根本にあるのは何か。「ふっきる」ことです。

自分で機嫌をよくしようと努めても、なかなかそうならないことは当然あります。自分の中に悪いイメージがあって負の力が働くときは、どうやっても気分がすぐれない。どうやってそれを払拭《ふっしょく》していくかが鍵《かぎ》となります。執着、思い込み、欲望、嫉妬……何かに囚われる気持ちをスパッと断つ。これが「ふっきり上手」となるということです。

ふっきるためには、どんな力が推進力となるか。三つのタイプを挙げてみます。

① 断言力
② 想像力
③ 自分を笑い飛ばす力

いずれも、現実に呑《の》み込まれるままにしておかない。状況から一旦《いったん》身を引き剝《は》がす。そして自己肯定の視点に立つ。自己肯定はできても、他人を受け入れることができなければ、自己チューにすぎません。

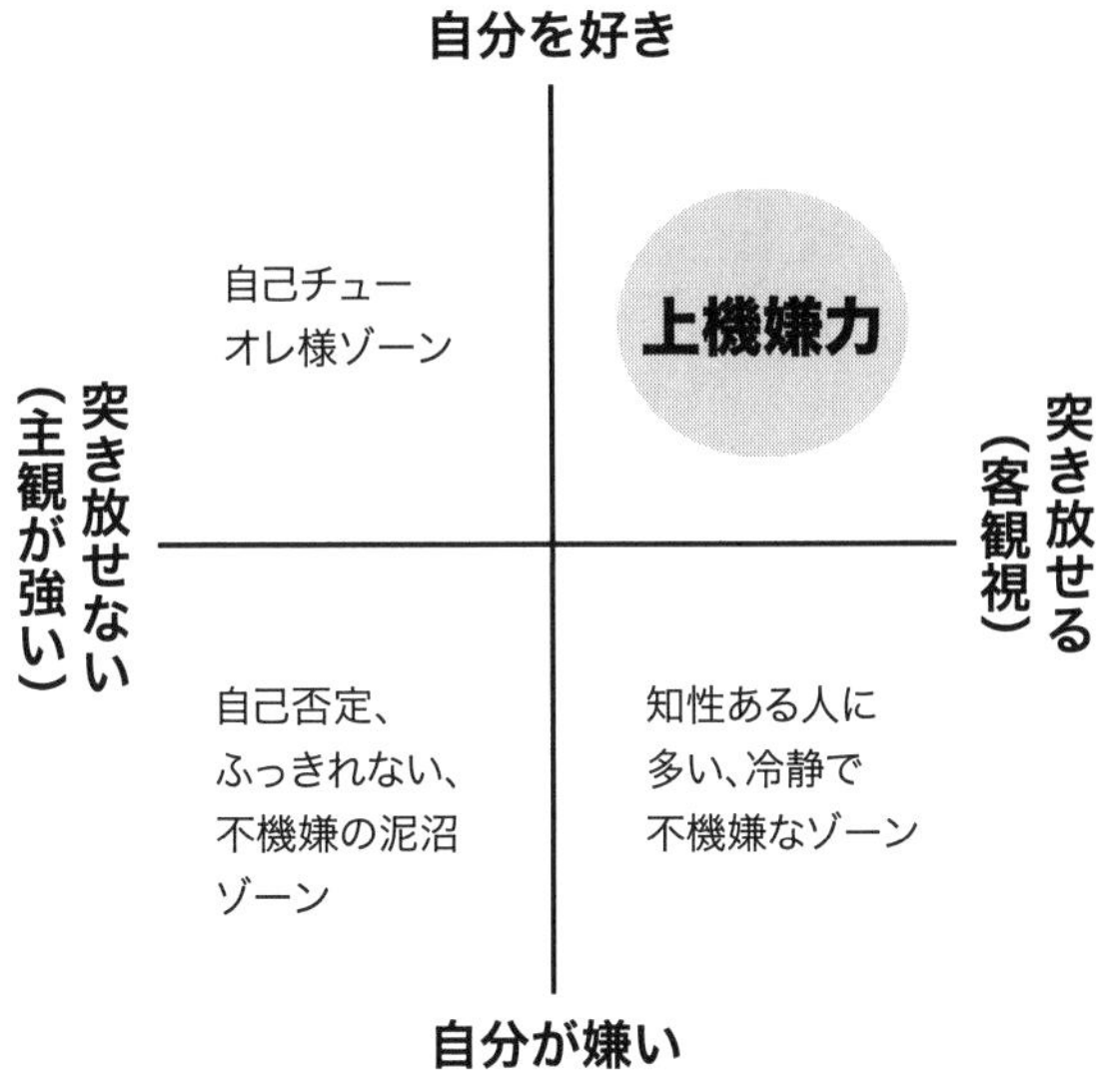

■ **図2**「上機嫌力」と「突き放す力」の相関図

　自己愛は、上機嫌力においては必ずしもマイナス要因ではありません。ただし、自分を好きな気持ちと、冷静に突き放して見る視点とが共存していなければならない。自分が好きだからといって、状況に呑み込まれていたのでは、単なる自己チュー、オレ様タイプでしかない。自己チューは場の空気が読めない、すなわち周りの空気が悪くなる。自分は気分がよくても、上機嫌の技ではないのです。

　周りへの気遣いもあり、自分

を突き放すだけの成熟した知性もある。自他ともに公正に肯定し客観視する能力がある人は、上手にふっきれて、上機嫌力を身につけられる人です。

「断言力」でふっきる

一つは、冷静に現状認識をし、物事を断定することでケリをつけていくやり方。「これはこういうことなんだ」と、**現実をはっきり認めて、事柄に対して終結宣言をし、一つの事実として確定、肯定し、次にいく。**たとえば、「自分は不幸なんじゃないかしら？」ではなく、「自分は不幸である」と、置かれている状況に対してきちっとした客観的認識を持つということ。不安は形が見えないときほど大きく襲いかかってくるものです。正体を見定めてしまえば、頭を切り替えて次へのスタートが切りやすくなる。いわば**「断言力」を持つ**ことです。

現状がよくないことに侵されて、自分の身体や気分までも陰鬱な状態に染まってしまうと、泥沼化して、さらに元気がなくなってきます。すると、チャンスをより摑《つか》みにくくなる。他人からも好かれません。

状況にかかわらず、自分を常に機嫌のいい状態に保つことが「上機嫌」の技化です。上機嫌の技は、天然のご機嫌さではなく、「……にもかかわらず上機嫌」「……敢えて上機嫌」といったもの。にもかかわらずというところに知性の成熟があります。

これは能天気に生きよという奨めではなく、むしろ対極にあります。しっかりした現状認識があったうえで、どんなによくない状況であっても、「然《しか》り。ならばもう一度」という肯定的な生き方をする。現在の自分を肯定することは、過去の全てを肯定することになるという考え方。ニーチェ的な悟り、ふっきり方です。

「想像力」でふっきる

想像力を持つことも、現実をふっきっていく一つの有力な要素です。

想像力というのは非常に人間的な能力で、現在の状況と違う世界を自由に思い描くことができる力を言います。からだも発想も柔軟な子どもが得意とする世界です。柔らかな身体とこころを持っている人ほど、自由に想像の世界に遊ぶことができます。

気分というのは受動的なものとされていますが、**想像力が豊かであればものの捉《とら》え方も変わり、能動的に機嫌をよくすることが可能になります。**想像で自分の世界を創っていくことによって、現実とは別に自分の気分というものを自ら構築できる。

たとえば現実の生活が貧しかったとしても、本を読むだけでその世界に没入していくことができる。『フランダースの犬』の主人公ネロは、最後まで想像をふくらませることを生きる力としていた。そういう意味で上機嫌力のある少年です。

チャップリンの映画『黄金狂時代』に、貧しさのあまり靴がステーキに見えてきて、調理して上手に食べるという有名なシーンがあります。完全に想像力に遊び、現実をふっきっているわけですが、このときのチャップリンは上機嫌モードに入っています。

現実とは違う状況を思い描いてそこに生きることができるのは、人間に与えられた素晴らしい能力です。ただ、想像力はときに妄想になる場合もあります。妄想が危険をはらむのは、自分の想像の中だけの世界であることと現実との境が不鮮明になる点です。やはり自己を身から引き剝がし、客観的に見つめる目を持たなければ、想像力を上手に活用することはできません。

「自分を笑い飛ばす力」

自分を笑い飛ばしてしまえるというのは、上機嫌の技としてはかなり上級、優れた力です。

突き放して笑えるというのは、自分のことだから面白いわけではなく、誰のことでもおかしい。たまたまそれが自分であっただけ。自分を勘定に入れない考え方に則《のっと》っています。何かをやるときに、これは「自分だからすごいことだ」とか「自分だからみっともないことだ」と考えない。このみっともなさは、誰であろうと同じという発想。ですから、他人のことのように自分のことも笑い飛ばせるのは、卑下ではないのです。

自己卑下をするのは、プライドへの過剰な欲求があるからです。認めてもらいたいという欲求があるがゆえに、認めてくれないんだったら先に自分から勝負を降りてしまおう、そうすれば負けずに済むという自己弁護の予防線を張っている。**自己卑下ばかりする人は、自分をおおらかに笑い飛ばすだけの器量がない**のです。

独身女性と既婚女性を負け犬、勝ち犬にたとえて話題になった酒井順子さんの『負け犬の遠吠え』（講談社）を、三十代の独身女性による自己卑下と誤読する向きもあったようですが、あの本は自分を客観視して笑い飛ばしているものです。しかし、完全に「ふっきり上手」に徹してはいない。それで「負け犬にもかかわらず上機嫌」になりきれなかったのだと思います。

野球の新庄剛志《つよし》選手の場合、あまり深くものを考えない能天気な上機嫌に見えますが、たとえば自分は打つのが下手であるなどと、自分の欠点を笑って話せるところがいい。そのことを卑下しない。笑い飛ばして自分で言えるところに新庄の上機嫌術、ふっきり上手の一面が見えます。

「自画自賛力」は、正しい自己評価力

自画自賛する力が昨今、認められつつあるように思います。というのは、今のヒーローといわれる人たちに、冷静に自画自賛できる人が急速に増えている傾向があるからです。

自慢と自画自賛は違います。自慢は、あくまでも自分を誇りたい気持ち。これに対して、自画自賛は自他に関係なく、そこに生まれたものを客観的に評価する姿勢です。自分の描いた絵とは思えないほど素晴らしい、つまり、自分が描いたにもかかわらず、いい、我ながらあっぱれ、という気持ち。自分のことをいばりたい、誇りたいのではなく、自分の功績を正当に評価できるということ。

自慢と自画自賛を区別できないと、対人関係で謙遜《けんそん》するしかしようがない、というところに陥りやすい。ニーチェの忌み嫌う隣人愛の世界。お互いに、自分を低く低く置き、自己卑下をしていれば安全だ、嫌われないと考える。しかし、そこに埋没していると、自分も社会も沈滞していくのです。

常に自己卑下に回り合う社会はとても息苦しい。しかし、自分に対して、肯定的に高い評価をすると、途端に「思い上がっている」と排除しようとする力が働く。自慢話を聞かされるのは誰でもあまりいい気分ではないですが、自分のやったことに素直に驚いて「なんであんなに打てたんだろう？」「どうしてこんないい文章が書けたのだろう、今はもう書けそうにない」というのは、自慢ではなく、素直な思いです。それに対して、いばっている、謙遜が足りない、人格が未熟と考える人こそ、嫉妬心、競争心に囚われている。自画自賛を非難がましく言う人こそおかしいのです。

謙遜と自慢は裏表で、どちらもろくでもない。自画自賛というのは、自慢と謙遜の間で揺れ動くのではなく、常に肚《はら》の据わった客観的視点を持ってこそ可能になるものです。

なぜ私がこんなに力をこめて自画自賛力を擁護するかといえば、私の家族は揃って自画自賛一家だったからです。一家五人、全員が自画自賛派。「いやあ、俺もなかなかいいこと言うなあ」「私は昔からセンスいいから」という会話をして暮らしていました。このため、堂々と自画自賛をしては周りが引く、かすかに力なく笑う、という状況が私の人生において数限りなく繰り返されてきたのです。私は自信過剰と言われてきましたが、自分を肯定して評価を高くしたら、他者を否定したり低く評価したりするかといったら、そんなことはない。どっちがどういう客観的判断が狂うわけではないのです。

　ある種の客観性を持って自分を突き放して見る、周りも同様に客観的に見るという力。そして素直な驚きを持ってすっきり明るく自画自賛。現代にはこの力が必要なのです。**自画自賛力は、今の日本を活性化していく一つの原動力、推進力になると思います。**

　上機嫌な人は、自分を笑い飛ばすこともできれば、自画自賛もできるのです。人生、誰でも完全にいいこと続き、ラッキーなことしかないという人はいません。程度の差こそあれ、みな何かを抱えて生きているのです。それを乗り越えて、いつでも上機嫌に振る舞える。それが上機嫌の技化《わざか》です。

第二章　上機嫌列伝

みんな上機嫌を求めている！『マツケンサンバ』の盛り上がり方

最近の上機嫌な例といえば、『マツケンサンバ』でしょう。殿様がキンキラキンの着物姿で腰元たちを引き連れて軽快にサンバを踊る、こんな上機嫌なことがあるでしょうか。

完全にお祭り感覚です。祭りは人のテンションを上げます。陽気にして楽しませる。『マツケンサンバ』には、ミスマッチなものがさまざま組み合わされています。殿様が踊る。しかもラテンのノリ。和服でサンバ。マツケン殿様の代表作『暴れん坊将軍』は将軍吉宗がモデルですが、吉宗というのは幕府の財政改革のために倹約令を出して質素倹約を旨とした将軍です。その硬派な殿がド派手に踊るというギャップ。絶対にあり得ない世界だからこそ面白い。

着物は度肝を抜くようなラメ、ほつれ毛にもラメ。舞台の上手下手に行っては艶然《えんぜん》と客席に流し目をする。曲も、みんなが一緒に歌ったり踊ったりしやすいように作られている。松平健さんが自身の公演で十年前からやっていたというだけあって、**芸として練り上げられ、会場を上機嫌に盛り上げる工夫が随所に込められている。**大ヒットした『マツケンサンバII』のほかに『マツケンサンバI』や『マツケンマンボ』といったものもあるそうで、長年の創意工夫の末に、今の突き抜けたスタイルにまでたどり着いたのでしょう。

『マツケンサンバ』がブームになったのは、やはりみんな上機嫌なものを求めているという証拠です。毎日の生活にはいいことなんかなかなかない。だけど『マツケンサンバ』には馬鹿馬鹿しいほどの上機嫌がある。それを見て、あるいは自分も歌って踊って、せめて上機嫌気分を味わいたいという人がそれだけ多いということです。みんな上機嫌を求めているのです。『マツケンサンバ』は二〇〇四年の上機嫌グランプリと言えるのではないでしょうか。

生きていくエネルギーに溢れている上機嫌　『板谷バカ三代』

上機嫌な状態とは、ハイテンションであるということです。確かにひと昔前までは、「バカは明るく楽しいのが取り柄」な時代でした。「能天気でお気楽」というのは、場を和ませる存在として人の取り柄となりうるものです。私が非常に笑わせてもらったのが、ゲッツ板谷《いたや》さんの『板谷バカ三代』（角川文庫）です。自分の家族であるバアさん、親父（ケンちゃん）、弟（セイジ）の三代が「核兵器級のバカ」として強烈なキャラクター性を発揮している。そのバカさかげんには**他者へのサービス精神が溢《あふ》れ、生きることのエネルギーが満ちている。**この家族は、「バカで上機嫌」ゾーンの典型です。

家が火事で焼ける、じいさんが死ぬ、母親のピンチ、といったふつうなら明るい話題になり得ないエピソードを、パンパカパーンというトーンで突き抜けていく。何があっても、何がなくても、人間は明るくたくましく生きていけるものだという気にさせてくれます。

たとえば、自宅が火事になるシーンがあります。

出火原因は、「ケンちゃんが火炎放射器のようなモノを購入し、バアさんの監督下で連日のように庭の雑草を焼いていた」せいらしく、ほぼ全焼した家の残骸《ざんがい》を見ながら、ケンちゃんは「後片づけが大変だから、この際もう1回火をつけちゃえば楽になるんスけどねぇ〜」とのたまう。消火後の家の写真を撮っていると、そこに「ピースサインで写りこんでこようと」する。

夜になって弟セイジが帰ってきて発した第一声が「ん、どうしたの？　みんなそろっちゃって。ま、いいや。お母さん、とにかく腹がペコペコだから何か作ってよ」。目の前の家が消えていることにも気づかず、「…………なぁ、お前は気付いてねえのか？」と問うと、「え……あれっ、兄貴ってタバコ変えた？」と答える。

そして、火事の三日後には、ケンちゃんは「拍子木を打ち鳴らしながら『火の用〜〜〜心！』と言って」町内を回るのです。ケンちゃんは四十二年間無遅刻無欠勤で勤め上げた、しかも始業の二時間前には会社に行っていたというまじめ人間。だからこそ、町内会の役員として職務を怠ることはできないのです。自分の家が火事になったことと、町内の人たちに「火の用心」の注意を喚起することは、彼の中では矛盾しない。実に「ふっきり上手」です。この調子で生きていれば、幸せでないはずがないと感じさせられます。

ケンちゃんは傍若無人のようですが、けっしてそうではありません。息子が暴走族に入れば、黙って見過ごしてはおかない熱血親父です。その愛情を感じて書かれているから、この本はどんなに身内への罵詈《ばり》雑言が並んでいても、温かい視線が感じられる上機嫌家族の話なのです。

背負うものを減らすことで上機嫌が高まる　谷川俊太郎さん

詩人の谷川俊太郎さんは、歳を重ねるごとにいっそう軽やかに、上機嫌になられるように見受けられます。ラジオ番組で谷川さんがインタビューに答えていらっしゃるのを聴いて、その理由がわかった気がしました。このときの内容が本になっているので、引用してみましょう（『DREAMS　夢への道のり』J-WAVE編　ぺんぎん書房　以下、引用ゴシックは筆者）。

言葉というものを使って仕事をして、50年以上になります。疲れ切ったこともあります。自分がね、レモンの絞りかすみたいだと思ったことがある。子供が小さくて、とにかく次々と仕事を引き受け、自分の中に書くモノがないのに、無理して絞り出してるみたいな感覚があったのね。

でもそれは「自分の中から出てくる」と思い込んでいたから。僕はその後、自分なんてそんな豊かなものじゃないんだから、むしろ日本語という豊かなものに自分が分け入って、そこから面白い日本語、楽しい日本語、美しい日本語を自分が組み合わせればいいんだ、というふうにイメージが変わったんです。それからは楽になりました。むしろ今は、**自分をからっぽにしないと詩が書けない。**

谷川さんほど素晴らしい詩を書いている人物が、自分は少しも偉いことをしているわけではない、という謙虚さを持っている。自分の業績をひけらかして自慢する気持ちが少しもない。こういう人は不機嫌にならないのです。

いかにも自分は大きなことを成し遂げてきた人間だと尊大な態度をとる人よりも、あたかもこれまで何も成してこなかったかのように飄々《ひょうひょう》としている人のほうが大人物なのです。全てをその場その場で削ぎ落としてまっさらな人間としてその場にいる。こういうコツが掴《つか》めた人はいばらないし、自己卑下もしません。

できるだけ物事にこだわらない。仏教の考え方ですが、日本人の生活の中の知恵として、あまり物事に拘泥しないで次に行く、多くのものを背負わないようにするというのがある。谷川さんは、これを実践していらっしゃるようです。

自分の中をからっぽにすることで自然に湧き上がってくるエネルギーは、頭の中で作り出すものよりも、はるかにスケールが大きい。これはどの世界でも共通です。


僕の詩は読み手に好きに読んでもらえばいいし、好きに受け取ってもらえばいいと思う。基本的に、年齢層というものをあまり考えずに、自分の外側ではなく、

「自分の中にいる他者」を目指して書いているんです。常に検証されながら詩を書く、というのかな。**独りよがりとか、自分勝手を避けるために。**

言葉というのはいくら自分の言葉だと思っていても、そこに他人と共通する言葉がある。赤ちゃんが生まれて聞く言葉は、全部他人の言葉ですよね。それらを耳で聞いて、だんだん「自分の言葉」にしていくわけだから、言葉の中に常に自分と他者が含まれていると思うんです。

現代詩には「理解されなくてもいい」という側面があって、コミュニケーションより、自分の自由な自己表現が大切にされる部分があるけれど、僕は、「ちゃんと受け取ってもらわないと、自分の詩は成り立たない」というふうにずっと思ってきました。

詩という創作活動の中にありながら、他者にきちんと受け止めてもらえることを意識して書く。詩を自分の思いを吐露するものとして捉《とら》えず、身を引き剝《は》がして自身を見るということを忘れない。自己客観視線がそのまま読み手への思いやりになる。だから、胸にぐっとくる詩が生まれるのでしょう。

谷川さんの詩に触れると、上質な上機嫌の心地よさに包まれます。不機嫌でいることが愚かしく思えてくるはずです。

小粋なユーモアを持った上機嫌人　淀川長治さん

淀川《よどがわ》さんも上機嫌を技化《わざか》できていた人だと思います。淀川さんはこう言います。


　私のスローガンのひとつに「私はいまだかつて嫌いな人に会ったことがない」、英語でいうと「I never met a man I didn't like」というのがあります。

　本音をいいますと、**実は私は好きな人が少ない**のです。これを聞いたある編集者には、

「淀川さん、『私はいまだかつて好きな人に会ったことがない』という本を書いたらどうですか?」

などと冷やかされたこともあります。

けれども、このスローガンを掲げていると、**不思議と嫌いな人も好きになれます。どんな人にも、どこかにいいところがあるはず。それを探し出すことができるようになります。**

だから私は、あえて、

「私はいまだかつて嫌いな人に会ったことがない」

というのです。

淀川長治『人生でみつけた　大切なこと』

このスローガンはそのまま私たちの実生活でお手本にできます。この前向きな自他肯定力が大事なのです。

同じ本の中で独り暮らしの気ままさを語るとき、淀川さんはこんなことを告白しています。

（独り暮らしがいいのは）第二に、バカなことができます。実は私、**満月の夜はじっとしていられなくて、素っ裸になって庭や部屋のなかを走り回る**癖がありまして。なぜか、「満月ほど綺麗《きれい》なものはない」と感動し、嬉《うれ》しくてたまらなくなって、駆け出してしまうのです。**「こんな嬉しいものがある限り死にたくない」とすら思います。**身内とはいえ、こんな姿を見られたくはありませんからね。ひとり者だからこそできるわけです。

裸になって全身で喜びを表したくなるほどの上機嫌さ。淀川さんは、上機嫌を技にするばかりでなく、天然の上機嫌さも持ち合わせていたに違いありません。だからこんな無邪気さを秘めていたのでしょう。

淀《よど》んでいる人には、子どもっぽさがありません。中年のおじさんが不機嫌に淀んでいるのは、子どもっぽさ、無邪気な躍動感、つまり生き生き感を失ってしまうからです。私は余計なことをすること、あるいは無駄な動きというものを買います。無駄な動きには、基本的に生命力がある。理由があるからやっているという以上の何か、それが生命力の表れなのです。

淀川さんといえばやはり笑顔が思い浮かびますが、ユーモアも忘れない方でした。上機嫌力には大事な要素です。

あるとき、淀川さんはアメリカ人と物を指しながら、それぞれ相手の言語で名前を言うゲームをしていた。「いちじくの葉」を見せられた淀川さんは「フィグリーフ」の単語を知っていたのに、度忘れしてどうしても言葉が出てこなくて、思わず「アダムのパンツ」と言ったのだそうです。すると相手のアメリカ人は、拍手して喜んだ。言葉が出てこなくても何かは知っているというのを、ユーモアでのりきった、それが受けたのです。


老人になったらなったなりにユーモア精神さえあれば、さまざまないたずらや嫌がらせが許されます。

還暦を迎えたときには、お墓と蓮《はす》の花を描いた絵葉書に「サヨナラ、サヨナラ、サヨナラ……」という文字を添えて、挨拶《あいさつ》状を送るなんていうのも、ウィットに富んだ遊び。自分の写真入りテレホンカードをつくって「お別れの日が迫っています。どうかお早めにおつかいください」という文字を入れるのもシャレています。突然、自分の棺桶《かんおけ》づくりに精を出すというのも、思いっ切り嫌味でいいでしょう。

漫画に『いじわるばあさん』というのがありましたが、**年をとったら、あのくらい元気で、ユーモアと嫌味に満ちた生活ができると、まさに「この世は極楽」という気分でしょう。**

人生において最も深刻な死という問題に対しても、こうしたユーモア感覚で対処しようとする姿勢。人生の終末期を、暗く寂しいものにはしないという発想。上機嫌ならではです。

「何よりも映画が好きでずっとやってきた」淀川さんは、最後まで上機嫌に「サヨナラ、サヨナラ、サヨナラ」と言っていたのではないでしょうか。

「反省を母親の胎内に忘れてきた」人　黒柳徹子さん

黒柳徹子さんと対談をさせていただいたことがありますが、とにかくクレバーな方です。しかもものすごくエネルギッシュ。話題の広がり具合といい、話のテンポといい、実に心地いい。ご自身も明るい方ですが、周りを上機嫌にさせることができる。

私は対談前に、黒柳さんが出演されていた芝居を拝見したのです。そこで「黒柳さんは名女優だったんだ」と再認識しました。テレビに出演されて司会をなさる、クイズ番組で博識ぶりや勘の冴《さ》えたところを発揮される、ユニセフ親善大使として世界各地での活動をなさっていることなどはよく存じ上げていたのですが、女優・黒柳徹子の姿を見るのは初めてだったのです。

『ローズのジレンマ』という芝居で、黒柳さん演じるローズというのは極めて難しい役どころだったのですが、テレビでお見かけする姿とはまるで違って、まさにローズという人物が存在しているようでした。

対談でお話を伺うと、かつてテレビドラマに出ていた頃には周りも勘違いしてしまうほどの演技達者だったといいます。たとえば、ほろ酔いかげんの芸者の役をやると、お銚子の中身は水だと知っているスタッフにまで、お酒を飲んで演技していると思われたり、悪女をやると本当に悪女だと思われたりしていたそうです。そのくらい巧《うま》い。「そんな女が、いい人ぶって『徹子の部屋』で人様のことをあれこれ聞いてるなんて思われたら、いいことないですよね。それならばっさり分けちゃおう、演じるのは舞台だけ、テレビは本当の自分で出よう、とね」。以来、テレビで芝居をしなくなったそうですが、自己客観視して、自分をきっちりプロデュースなさっている。

トークショウでは、計算が苦手で割り勘の計算ができないこと、**「反省を母親の胎内に忘れてきた」と言われる**ことなどでご自分を笑い飛ばし、聴衆を笑わせる。実際には**「少しは反省もするんですよ。でもね、次の日には忘れちゃう」**。ふっきり上手なのです。

黒柳さんは、私の考える上機嫌のコツを、見事にご自分のものにされています。元気の秘訣《ひけつ》は好きなことしかしていないことだとおっしゃっていましたが、自分の生き方として確固たるポリシーを持ち、タレント、女優、ユニセフの活動を精力的に続けられている。私は、あらためて「できる人はみな上機嫌だ」という感を強くしました。

そういえば、お喋《しゃべ》りな人は大抵ご機嫌です。このお喋りとは、おばさんの井戸端会議のような意味のないお喋りではなく、内容も脈絡もある話を上手にする話術を持った人という意味です。話術の達者な人は、自分の中にいろんなものを溜《た》め込まない、吐き出してしまうことでふっきることを習慣化できているのだと思います。

いいことは自画自賛し、悪いことは忘れて生きる　宇野千代さん

ふっきり上手ゆえに、ふつうの人より何倍も濃密な人生を送ったのが宇野千代《うのちよ》さんです。

まずは宇野さんの自画自賛力から見てみましょう。（宇野千代『生きて行く私』角川文庫）

白粉《おしろい》をはたかない前の、普段の私の顔は、色が黒かった。「何ちゅう貴様は色黒じゃ。そんとな色黒は、誰も嫁に貰《もら》い手がないぞ」と、父は私の顔を見るたびに言ったものであった。ほんとうに、私は色黒だ。ほんとうに色黒ではあるけれど、一ぺんとして私は、こんなに色黒ではなく、色白になりたいと思ったか。私は色白になりたいなぞとは、一ぺんも思ったことはなかった。

それだのに、いま、まるで悪戯《いたずら》をでもするように、兎《うさぎ》の足で白粉をはたいただけで、**こんな、世にも美しい娘の顔になった**とは、誰が信じよう。私は台所の方に向いて、大声で叫んだ。「お母《かか》、お母、早う来てお見い。わしはこんとに別嬪《べっぴん》になったぞよ」

宇野さんは自分が色黒であることを自覚していた。ところがふとしたことで母親（育ての母）が風呂《ふろ》場に置いておいた白粉に目を留め、塗ってみたところ自分でもびっくりするほどの別嬪になった。ここにあるのは、自信過剰ではなく、冷静な客観視線です。
実際、母親も「ほんとじゃ。まるで見違えるように別嬪におなりたでよ」と言い、外出先で人から「まあ、千代さまの、何ちゅう別嬪におなりんされたことわいのう」と言われたりすることからも、誰が見ても評価するだけの美人になったのだということがわかります。
すっかり気を良くした彼女は、代用教員をしていた学校に化粧をしていくようになります。

道を歩いている人々も、同僚の教師たちも、学校の小使いまでが、この私の変わりように、吃驚《びっくり》仰天したのであった。しかし誰も、化粧してはいけない、と咎《とが》めるものはいなかった。**咎めるにしても、あまりにも美しい変貌《へんぼう》だったのである。**

自慢と自画自賛の違いがよくわかります。**自画自賛は、このように徹底した客観視点のうえでこそ成り立つものなのです。**

宇野さんは、自分の置かれた状況に抗《あらが》うことなく、流れを受け入れ、感情にストレートに生きていく。これは**自他肯定力**です。

私と東郷（青児《せいじ》）との生活は人の眼にも仕合わせそうに見えた。或《あ》るときのことであった。東郷がピストルを向けて、私を狙う真似をしたことがあった。私は逃げないで、そこに坐《すわ》ったままでいた。「驚いたな。君は度胸の据わった人だね。ピストルを向けると、大概の奴が逃げだすものだがね」と東郷が言った時、私はやくざの親分にほめられたのでもあったように、得意になったものであった。

私たちは二人ともとてもお洒落《しゃれ》であったが、私はそれまでの、着物一点張りの習慣をがらりとやめて、巴里《パリ》直輸入の洋服ばかりを着るようになった。「君の肌はとてもきれいだね、そのきれいな肌を、白粉で隠すのは勿体《もったい》ないよ。その上に、ただ、油だけを塗ってごらん。その黒い、きれいな肌が光りかがやくから」とおだてられて、一時、私は化粧をしないで、真っ黒な顔に、ただ油だけを塗っていたことがあった。

好きな男がやること、言うことを、即座に受け入れられるこの**柔軟な肯定力が、彼女の新たな魅力をどんどん開花させる。**肯定力は人にパワーを与えてくれるのです。

一方、悪いことはどうか。多額の負債を抱える、男に裏切られる、といった逆境にあっても、宇野さんはその状況を悩んだり、相手を恨んだりしません。**「一跨《ひとまた》ぎに忘れ」るのです。**

私は間抜けなのではなかった。私はいつでも、自分にとって愉《たの》しくないことがあると、大急ぎで、そのことを忘れるようにした。思い出さないようにした。そして、全く忘れるようになった。

悲惨なことがあっても、既に起きてしまったことには囚《とら》われずに、未来に目を向ける。新しい家に住み、厭《いや》なことなど思い出せないくらいに仕事にのめり込む。ひたすら愉しいことを思い、前へ前へと生きてゆくのです。

この姿勢が長寿の秘訣だったのかもしれません。「極楽トンボと笑われるだろうか。私はこのごろなんだか死なないような気がしている」「私は自分の気持に正直に行動してきた。人がどう思うか、とか、世間がなんというかなどということはこれっぽっちも私の頭には浮かばなかったのである」。

波瀾《はらん》万丈の人生を、人がどう見ようがお構いなく、宇野さん自身は上機嫌に走り抜けたのです。

プロ野球界の上機嫌男　新庄剛志選手

プロスポーツの世界は上機嫌な人材の宝庫ですが、今のプロ野球界でナンバーワンの上機嫌男といえば新庄剛志選手です。彼には、次にどんな行動に出るか、何を言い出すか予測できない面白みがあります。

たとえば、阪神時代には、「ジーパンが似合わなくなるから」という理由で、下半身強化のトレーニングを拒否したことがありました。

「センスないから（野球）辞めます」「僕はJリーガーになりたい」と引退宣言したかと思うと、数日後には撤回したことも。

そうかと思うと、突然FA宣言をし、阪神からの五年十二億という提示を蹴《け》って、二千四百万でメジャーリーグ、ニューヨーク・メッツに入団する。「結果はどうあろうと、俺の人生なんで、楽しもう」。欲得を度外視した潔さ、これぞ新庄選手らしい上機嫌です。そして「新庄はメジャーでは通用しないだろう」という大方の予想を覆し、最初の打席でヒット、ホームでの初ヒットがホームランといった華のある一面を見せるのです。しかし、当の本人は通用するかしないかなど全く意に介さず、ただ楽しめるか楽しめないかを尊重して野球をやる。

「記録はイチロー君に任せて、記憶は僕に任せてもらってがんばっていきたい」と語ったこともありました。

昨シーズンからは「ハムの人になります」と北海道日本ハムファイターズに入り、「これからはセでもメジャーでもなく、パ・リーグです」と言ってファンの注目を集めています。

目立つことや、人から注目を浴びることが大好きな新庄選手の場合、もともと天然の上機嫌気質を持っているといえそうですが、彼の言葉には、**みんなを楽しませよう、喜ばせようという気持ちが非常に強い。そのためには、進んで自分を笑い飛ばそうとする。サービス精神が旺盛なのです。**

野球一筋にやってきた人間らしからぬ発言がポンポンと飛び出してくるのも、新庄ならでは。野球少年には「女の子にモテるように、カッコよくプレイしろ」とアドバイスする。「うまくなっていいとこ見せよう」という気持ちがあれば努力するし、上達もするから。一見「ええ格好しい」のお調子者のように聞こえますが、「カッコよく見せる」ことは自分を客観的に見る目がなければできません。ただの能天気ではないのです。

再編問題で揺れるプロ野球界の中で、新庄選手のような上機嫌パワーは、数少ない明るい話題と言えるでしょう。

笑顔も技になっているファンタジスタ　小野伸二選手

「僕は子供の頃からとにかくサッカーが好きだった。今までその一心でやってきたんですよ。僕が喜びに感じるのは、自分だけがうまくいった時ってことじゃなく、チームの勝利に向けて十一人が力を合わせて戦っているときとか、僕らのプレイで大観衆のサポーターが大喜びしている時とかですよ。ボールを蹴《け》っているだけでも楽しいけどね」（『スポルティーバ』二〇〇二年六月号）

小野伸二選手は常にサッカーを楽しんでいるように見えます。実際彼は「サッカーを楽しむことがいちばん大事」であるとよく言っています。

切羽詰まった状態、自分たちのチームが二点先取されて落ち込んでいる状態を想像してください。勝っているときは上機嫌ですから、力が出て当たり前です。ところが、負けていると、元気が出ない。いよいよ落ち込んでいく。そういったとき、一人、絶対勝てるという確信を持つ人がいると、その上機嫌が伝染して、チームの気分が高揚してきます。

高校時代から、どんなにリードされている試合でも彼だけは笑顔でプレイしていました。チームメイトは彼の笑顔に勇気づけられ、「まだ勝てる」という気持ちを持つことができたといいます。**上機嫌には周囲を高揚・発奮させる力があるのです。**

また、そのためには何事も前向きに飛び込んでいく姿勢を持っている。オランダのフェイエノールトに移籍したときも、小野選手は少しでも早くチームに馴染むために、チーム恒例行事であるバーベキューパーティに、通訳なしで参加したという。クラブが選手やスタッフ、家族を招待して行う伝統的な行事だけど、そこに一年目から参加する外国人選手はそんなにいない。しかも、オランダに着いてわずか一週間後のことだったらしい。

「チームの行事というのは、大切なものでしょ。それに、できるだけ自分のチームメイトのことを知っておきたいしね。もちろん、そのときは来て一週間だし、言葉もわからないのに出席するんだから、多少は厭な気持ちもあったよ。だけど、そういう大

切な場だし、奥さんとドキドキしながら行きましたよ」（『スポルティーバ』二〇〇五年三月号）

サッカーを楽しむというのは、彼にとってピッチの上だけのことではなく、いつも笑顔を絶やさず、ふだんの行動でも率先して上機嫌であろうとすることなのだと思います。

チームのムードメーカーという点では、「ゴン」の愛称で知られる中山雅史選手も同様です。彼は残り時間があと何秒であろうと、けっして諦《あきら》めない。中山選手は小野選手のように笑顔でプレイをしているというよりは、歯を食いしばって気迫でプレイしている。彼の場合は、その気迫がチームメイトに伝播《でんぱ》して、みんなをハイテンションにする力を持っているのです。中山選手の場合、笑顔の上機嫌力が発揮されるのは、インタビューの場です。適度な自画自賛力も交えて明るく語る彼は、ピッチとは違った顔でサポーターに元気を与えてくれる存在です。

国民的上機嫌ヒーロー　長嶋茂雄さん

上機嫌列伝、トリはやっぱりこの人です。日本中から愛されている最高の上機嫌ヒーローが長嶋茂雄さん。

長嶋さんという人は、日本球界では比類なき存在です。現役を退いて三十年も経つというのに、いまだに球界の守護神、太陽神のような存在であり続けている。存在感が少しも色褪《いろあ》せない。プロ野球界には、長嶋さんよりヒットを打つのが巧《うま》い選手も、ホームランをたくさん打つ選手も、素晴らしいピッチャーもいました。しかし、誰も長嶋さんほどの突出したヒーローにはなり得なかった。長嶋さんは五十年間にわたって、日本球界を上機嫌力で引っ張ってきた人です。

野球を知らない人であっても、長嶋さんのことは誰もが知っています。長嶋伝説、長嶋神話といったものが数限りなく流布し、独特の長嶋話法のおかしみと、明るいキャラクターとが誰からも愛されている。「ミスター」で誰のことかわかるというのは、すごい愛称といえましょう。

長嶋さんは、二〇〇四年三月に脳卒中で倒れ、アテネ五輪の日本代表チームの監督としてアテネに行き、采配《さいはい》を振るうことができませんでした。オリンピックにおいては、野球はいささか蚊帳《かや》の外といった感がある種目です。陸上、水泳、体操といったオリンピックの花形種目に比べて、どうしてもみんなの関心が薄い。それが「監督は長嶋さんだ」というだけで話題になる。盛り上がる。これぞまさしく長嶋効果だったわけで、ご本人はそうした自分の役どころをちゃんとわかっていらした。ところが、さすがの上機嫌ヒーロー長嶋さんも病気にはかなわず、アテネに行くことはできなかった。闘病中で、本来ならばみんなから励まされる立場にもかかわらず、長嶋さんが代表チームの応援旗に書いた「3」の文字に、みんなは逆に「俺たちも頑張ろう」と勇気づけられるのです。

ところが、「長嶋ジャパン」と呼ばれた日本代表チームは、采配ミスもあって銅メダルという予想外の成績に終わります。にもかかわらずメディアから激しく非難されずに済んだのは、チームが帰国する日、長嶋さんがわざわざ空港まで選手たちを労《ねぎら》いに行ったからです。まるで、長嶋さんに免じて全て不問に付すことにしよう、という取り決めでもあったかのようでした。

長嶋さんだって、人生で厭なことが全くないわけではないはずです。監督を解任されるという事件もあった。けれども、ネガティブという言葉とは無縁の世界でとことん明るく、とことん上機嫌に生きてきた結果、今や長嶋さん自身はおろか、長嶋さんの関与することには少したりともネガティブの影があってはならない、というところまでにきている。

本当のヒーローは、その存在だけで、世の中全体を明るくすることができるのです。

第三章　気分をコントロールするからだを作る

気分は訓練によってコントロールできる

気分というのは、通常、社会的な状況や体調によって目まぐるしく変化します。周囲に対し共感を持ったかと思うと敵対心を抱いてみたり、浮いてみたり沈んでみたり。変化が激しいので、その時々の気分で物事を判断する人は、客観的判断が冷静にできない、一貫性を欠いた人ということになります。これは、社会的な生活を営んでいれば、誰でも気づいていることでしょう。問題に対処するにあたっては、ある程度気分から離れてものを考えるべきだという認識はあるはずです。では、それが実践できているかというと、なかなか難しい。人は往々にして気分に左右されてしまう生き物です。

自分を鬱屈《うっくつ》させるもの、たれ込めた暗雲が、ふっと晴れるようにするにはどうしたらよいか。それがわかるだけで、爽快《そうかい》な気分、充実感を得ることができます。さらにそれを「技化《わざか》」させれば、気分に囚われない状態をいつでも創り出せるようになります。言い換えれば、この技によって気分も変えられる。気分次第で頭の状態や能率が変わったりしなくなるわけです。

私は、気分をコントロールできる技はある、と、「本当は不機嫌」な人間を代表してお伝えしたいのです。

上機嫌力は、訓練によって身につけるものです。

運動と同じで、訓練を続けると、上機嫌の筋力がついて、こころの稼動範囲が広がり、上機嫌が生活に占める割合が増えるのです。

人と一緒にいるときに上機嫌に振る舞うと、からだとこころが正しく疲労するので、後は疲れて寝るしかありません。**現代生活で問題なのは、エネルギーを消費できないことです。**かつての日本の生活は、からだを使って一日働き、後は食べて寝るというものでした。お酒の一杯でも飲んで寝るか、で、これはむしろ循環としてはよかった。

最近は、カロリー過多です。日常が大して疲れないものですから、人間としてのエネルギーを出し切れない。そうすると、ハイテンションで上機嫌に人と過ごすことが、とても疲れると感じるようになってしまうのです。これを気疲れだと感じる人も多いでしょうが、実際はからだ全体の疲れなのです。

不思議なことに、会う方会う方に対して上機嫌でいるよう心がけると、だんだん上機嫌の持久力が伸びてきます。いろいろな人とエネルギーを交換し、上機嫌を自分に課する。最初は場を盛り上げることに対する疲労感が伴います。しかしこれを続けてゆくうちに、そう簡単には疲労しなくなるものです。事実私は、授業、取材、講演、テレビ出演、編集者と、毎日そうとう数の人と会って話をしています。講演会二つに取材が四本、といったような生活が日常的です。

慣れないうちは、一時間ぐらいで疲れる。笑顔を作り過ぎて疲れた、テンションを高くして声が疲れた、気疲れしたという感じを受ける。慣れてくるに従ってそれが当たり前になってきて、声のトーンを上げて、できるだけ盛り上げるほうに向かっていく。すると、エネルギーを消費しますので、しっかり疲れて眠ることができる。

持久走を続けているうちに走る距離が伸びていくように、上機嫌の飛距離が伸びるのです。

温まりたいからだ

からだが冷え切った状態ですと、上機嫌にはなれません。ダイエットを続けて拒食症に陥っている人が上機嫌という状態は、ちょっと考えにくい。手足も凍える寒い戸外で、お酒も飲まずにハイテンションな人というのはあまりお目にかかりません。

人間の三大欲求は、食欲、性欲、睡眠欲です。これが満たされていないと不機嫌になったりヒステリー状態になったりしますが、もう一つ、私は「温まりたい」という欲が重要な課題だと考えます。今の時代、私たちは暖かい場所に恵まれているので、ついこのことを忘れがちですが、食事にはカロリーを摂りからだを温めるという効果もあるのです。火もそうですが、家も温まるためにあるといっていいでしょう。運動をすることにも、からだを温める効果があります。冷えるとからだが動かなくなり、生命の危険がありますから、さらに不機嫌になっていきます。硬くなっているので、働きかけられても反応が鈍くなる。

食事をとり、お風呂《ふろ》に入って、温まって気分がほぐれる。これは、上機嫌のいわばインフラのようなものです。**温まったからだをしっかりと基盤として持つと、外からの働きかけに対し、柔軟に対応することができます。**

お風呂の後で一杯引っかけたような状態をイメージしてください。それが、からだが上機嫌な状態です。

まずは**自分のからだの基盤があって初めて上機嫌になれる**のです。

上機嫌なからだはオープンなからだ

不機嫌なからだは、淀《よど》んでいます。あるいは、どこかに硬さがある、滞っている。

一方、**上機嫌なからだは、柔らかく浮き立っています。**

それが一番はっきり出るのが、上半身でいえば、鳩尾《みぞおち》、肩胛《けんこう》骨、首です。

肩胛骨、首が硬くなってくると、だんだん笑えなくなり、気むずかしい顔になって、不機嫌そうに見えてくる。私は、そういう男子学生や子どもたちを見ると、横から腕ごと摑《つか》んで上に持ち上げ、ローリングして、大きく息を吐かせます。肩胛骨を大きくローリングして、ほぐして、からだを揺さぶる。それだけで、随分と顔が生き生きします。

先日、NHKの番組『英語でしゃべらナイト』に出演したのですが、メインパーソナリティの一人、パックンことパトリック・ハーランさんの上機嫌ぶりには感動しました。アメリカ合衆国出身で、日本でお笑いをやっているパックンは、会話にからだが入っていて、肩胛骨回りや腕を実によく動かしながら、笑いを交えて場を進めてゆきます。ただジョークを言い続けて盛り上がっているのではありません。パックンの上機嫌は、知性の証《あかし》なのです。**複数の対話者を前に、状況を的確に捕まえ対策を立てる。なお且つハイテンションであることを、言葉だけでなくからだで示している。**イタリア語会話のジローラモ・パンツェッタさんにも同じ印象を抱きました。

日本人がこれをやると、落ち着きがないといわれますが、私は基本的には、肩胛骨を動かすことは許されるべきと考えます。

たとえば講演などで私がからだを揺すると、違和感を持つ聴衆が多い。そこで、私はそれを「受け入れられない、気持ちが悪いとお思いでしょう」と投げかけます。日本人には人と話をするとき、あるいは話を聞くときにはじっと静止しているべきで、頭やからだを動かしてはいけない、という先入観がある。

日本人の場合は、欧米人に比べると胸を張っていませんので、肩胛骨が落ちています。肩こり状態です。そのために、呼吸が浅い。**肩胛骨を少し張るだけで、肩こりが少なくなり息がしやすくなる**のですが、長年の文化習慣で胸を張ることが不得手である。胸が縮こまって硬くなっている。それをほぐすには、時々一分間からだを揺さぶることが効果的です。

私は、上機嫌力は実は簡単なことだと思うのです。

肩胛骨をほぐして中身を揺さぶる。『からだを揺さぶる英語入門』（角川書店）という著書でも書きましたが、日本人のような不機嫌な雰囲気では、英語を喋《しゃべ》っても英語にならず、コミュニケーションが成立しにくい。英語が要求するのは、本当にご機嫌な状態なのです。そこで、からだを揺さぶって上機嫌モードに切り替えてから英語を話すということを提案しました。そうしたオープンなからだでないと、英語に似合わないからですが、これは上機嫌なからだにも通じるものです。**コミュニケーションが本質的に求めるものは、浮き立ったオープンなからだです。**レスポンスするからだがオープンですと、相互のやりとりは活性化します。たとえば英語でしたら、言葉が通じなくても意味は通じるということが起こる。ボディランゲージというのは、硬くなったからだでは起き得ません。しかし、からだだけでもしっかりと反応すれば、感情を交わすことができるのです。

からだの状態感を整える、「気」

気分は、からだの状態感とセットになっています。からだの状態感というのは、たとえば気が重いとか、全身が沈んでいくような感じとか、コチコチになった感じ、あるいはリラックスしている感じといった、からだから受ける印象のことです。

からだの状態感は、場の雰囲気と侵食し合っています。

このことは、ヘルマン・シュミッツが『身体と感情の現象学』で、メルロ＝ポンティが『知覚の現象学』で書いていますが、現象学では、からだと空間を分けて考えません。「世界の中に身体として住み込んでいる」と表現しますが、意識、からだ、場の三つは不可分なものなのです。

陰気な場所に行くと、自分も陰気な気分になりますね。これは、場の空気に自分のからだの感じ（状態感）が侵されているためです。自分は自分、外は外と分けられないほど、からだと場は相互に浸透しやすいもので、双方は常に交流しているのです。

人間は、意識として存在しているだけではありません。からだの状態次第で気分は変わってくるし、気分は場の雰囲気というものに侵されやすい。特に皮膚感覚は重要です。場の空気、雰囲気の影響を、からだは大変敏感に受ける。それが、生物としての絶対的条件なのです。逆にからだの状態感というものによって、場の雰囲気も作られているのです。

からだを、皮膚の内部に留まっているものではなく、空気に伝染しているような、外に広がっているものとしてイメージしてください。

東洋でいう、「気」の世界です。

「気」は、気海丹田《きかいたんでん》という、臍下丹田《せいか》（へその下の腹内部、気が集まるとされる場所）の下の、気の海から出ています。ここを中心として呼吸を行うことによって、上半身がほぐれ、呼吸はいっそう深くなります。呼吸が深くなれば余裕が生まれ、反応しやすいからだになります。自然なコミュニケーションが可能になるのです。

東洋では、「気」をからだとこころの状態をトータルに捉《とら》える概念として扱ってきました。一見使われどころのないようなものにも思いますが、「気」は身体的に感じるものです。

日本語には、「気遣いをする」「気を配る」「気の置けない」「その気になる」というような「気」のつく言葉や語法が非常に豊富です。もちろん中国の影響もありますが、「気」は日本語の中でこなれている言葉です。長い時間、「気」に関する言葉を使うことによって、社会全体が「気」のセンスを共有してきたのです。センスの問題であれば、感じられなくていいのか。いやそんなことも感じられないのは社会的能力が低すぎてダメだ、という共通認識があり、言葉を使うことで、相互に「気」の感覚を向上させ合ってきた。日本人にとって身体感覚であり、社会規範であり、生活の中で大きな比重を占めるものでした。**「気」をいい状態に保ち、常に他の人と「気」が交流するよう自分を持っていくことが社会常識とされた、伝統があるのです。**

ところが、近年の日本では、「気」に関する語法が激変しました。「気」を感じるセンスが落ちてきたことと、「気」に関する日常的な言語表現が激減したことは、二つセットとなっています。

人がどういう気持ちでいるか、気を遣わずに平気でいる。たとえば五人ぐらいいても、一人だけ会話に加わっていない状態になれば、気遣うのがふつうです。その人に話題をちょっと持っていく、今はそういうことをしないでいいという風潮があります。利己主義的とも言えますが、私はむしろ、「気」のセンスがなくなっているためではないかと思うのです。

「気」の用法が激減したことによる影響は、大変大きいものです。一人ひとりのからだの中に「気」が循環しなくなっただけでなく、場にも「気」が通わなくなった。つまり、からだと場が滞るようになってしまったのです。

からだと場を、滞った状態から開放する

では、「気」を循環させるためには、どうしたらよいでしょうか。

私は長い間、「腰肚《こしはら》文化」という表現を使ってきました。腰と肚がしっかりと据わった状態になりますと、からだにどっしりとした安定感が出てきます。多少の気分で揺れないからだの基盤ができるのです。この腰と肚を支えるのは呼吸であり、日本には固有の呼吸文化があるということを、『呼吸入門』（角川書店）という著書で詳細に書きました。

大正時代に活躍した、岡田式呼吸静坐法の創始者、岡田虎二郎も言っていますが、理想は赤ちゃんの呼吸です。まず、自分の呼吸の波に、自分をゆだねてみる。お腹で息を意識しながら、自分の自然な呼吸の波を感じ取ります。呼吸の波を遮らず、途中で止めたり殺したりしない。お腹の動くままに吐いて吸う。次に、臍下丹田をからだの中心として、そこに吸い込むようなイメージで息を鼻から吸う。そして、軽く力を

入れるようにゆっくりと吐いていく。私は仕事の最中でも、疲れたなと思うとまず、からだを揺さぶって、呼吸をします。心身も落ち着きますし、集中しやすくなります。

私の塾では、「三・二・十五」の呼吸法を取り入れています。**「鼻から三秒吸って、二秒お腹の中にぐっと溜《た》めて、十五秒間かけて口から細くゆっくりと吐く」という息の調整をやる**のです。これをやりますと一分間で三呼吸することになりますが、最初は吐き出す息が続きませんので、「三・二・十」を四回で一分、でもかまいません。ゆっくり少しずつ息を吐き出すことが、呼吸を深くするコツです。吐く息が長いほど、副交感神経の働きが高まり、興奮作用を鎮静化させます。気分をコントロールできる、フラットな状態に近づくのです。

『整体入門』（ちくま文庫）を書いた野口晴哉《はるちか》の「野口整体」の中には、鳩尾に手を当てて息を吐くという方法があります。鼻から深く息を吸い込み、からだを曲げながら、口から息を吐き出す。前方に身体をかがめながら、手で鳩尾を強く深く押し、全部息を吐き切ったところで、からだは曲げたまま指と全身の力を抜きます。

鳩尾が硬くなると、人間の自然な自己調整能力が落ちます。この硬くなった鳩尾を、呼吸によって柔らかくする方法です。

人間は、ただ息をしているだけではなく、呼吸を意識化すること、つまりコントロールすることができます。**呼吸によってからだをコントロールし、生きることに一つひとつ区切りをつけているのです。**

東洋では、呼吸の中でも「吐いていく」ところが大事とされています。内部の汚れたものを吐き出すことで、からだがフラットな状態に戻っていく。吸うことによって高揚し、吐くことによって鎮静化し、すーっと吐いて止まるところで、いったん小さく生命が死滅する。このようなイメージトレーニングをしますと、呼吸の一回一回に、生まれては死ぬという生命の実相を体感しやすくなります。

息を吐くことは、捨てていくイメージです。自分の中の邪気を吐く。すると、身体機能が働きやすくなるのです。捨てることによって、返ってくる。死を意識することによって、生が豊かになる。呼吸に集中するということは、生命の根元に戻ることでもあるのです。

息を吸ったり吐いたりすることに集中しますと、細々したことを考えていられません。捨ててこそいい状態でいられること、いわば、一回一回、「ふっきる」ことを練習するようなものです。**呼吸によって、「ふっきる」、不機嫌なものを吹き払う技ができてゆくのです。**

大きくため息をつくというのも悪いことではありません。「ああ、もういいか！」という大きな慨嘆は、ふっきろうとしているからこそ起こるものです。

呼吸は、生きているもの全てが行います。「気」が循環したからだは、気分をコントロールし、また、感情を豊かにします。**こころが平静で何にも振り回されず、気持ちのいい状態にするには、呼吸を全うさせ、からだ全体に「気」を循環させることが大事です。**

上機嫌な上半身を作る

滞ったからだ、すなわち不機嫌をこじらせないためには、からだからアプローチすることが基本です。

スポーンと声を外に出すと、すっきりしますね。エネルギーを使うことによって、体内に循環が起きる。息を吐くと息が入ってくる。**循環が起きるからだは、上機嫌なからだです。**

人間というのは要するに、開放系なのです。外界と開放的に繋《つな》がって、循環している状態を作れば作るほど、機嫌はよくなります。周囲から切り離されて、こもって縮まると、不機嫌になってくるのです。後は、上半身をぐにゃぐにゃーっとリラックスさせると、気分は上機嫌に整ってきます。

では、具体的にどうするか。

先ず上半身をほぐす。「野口体操」で知られる野口三千三《みちぞう》は、「上体ぶら下げ」という方法で、上半身の無駄な力を抜く方法を提唱しています。

両脚をわずかに左右に開いてすっきりまっすぐ立つ。ついで上体を前下にぶら下げる。両膝《ひざ》は伸ばしたまま。ぶら下げはだらしない感じとは違い、自然の重さにまかせきった、のびのびとしてやすらかな感じ。ぶら下げたままで静かに横隔膜呼吸をしていると、だんだん深くぶら下がってゆく。

野口三千三『原初生命体としての人間』三笠書房

その状態で、脚や腰に軽く弾みをつけて、上下左右に揺すってみる、というのが「上体ぶら下げ」です。これによって、不必要な緊張状態がほぐれ、からだの中が液体化するのです。

上手にからだを揺する、液体化させるのはかなり高度な技です。初めてやるときには、なかなかうまく揺さぶれません。ですが、このコツを掴んで覚えておくと、生きていく上では大変お得です。**プレッシャーを感じた状態や、全身が疲れきった状態でも、ほぐすだけで、そうとう程度からだはもとに戻るのです。**

子どもはもともとリラックスしているので大丈夫ですが、大人はだんだんからだが硬くなっていきます。若い頃にこの技を体得しておけば、長くにわたって役立ちます。凝り固まってどうしようもない状態に陥らずに済むのです。

また、現代人はまず目が疲れますので、目から首に来て、呼吸が浅くなるということとが多い。その場合にはまず、手を組んで上に伸ばしてあげる。椅子があれば、首の後ろを椅子の背もたれにのせて、腕を左右に伸ばして、胸を広げる。重力を利用して、首を左右にこすりつけ、首回りと肩胛骨、胸の前の筋肉を柔らかくする。首は時々揉みながら、呼吸筋（呼吸に必要な筋肉）を伸ばします。

また、寝っころがって大の字になり、頭を右、左ところころ転がすと、首はだいぶ楽になります。放っておくと、首も詰まってしまうのです。

どうですか、上半身が少しほぐれましたか？

上機嫌な下半身を作る

今、私はスクワット（膝の屈伸運動）に凝っています。

黒柳徹子さんの舞台を拝見したとき、あまりにお元気でびっくりしました。千行、二千行の台詞《せりふ》を一度のミスもなく、ハイテンポで喋りとおす。その後、舞台挨拶《あいさつ》でも、ものすごい速度で次々、次々、喋っていくのです。話はあちこち飛びながら全部繋がっていて、素晴らしい文脈力を発揮されました。

舞台の後に対談させていただいたのですが、そのときもよく話される。そこでそのエネルギーを支える習慣をお聞きしたら、スクワットを三十回から五十回、日課にしているということでした。

あるとき黒柳さんは、体力がなくなると気力も落ちて来る、どうやったらいつまでも舞台に立ち続けていられるかと、ジャイアント馬場さんに伺ってみたところ、人間は下半身が衰えるとダメになっていくから、毎日必ずスクワットをやるといいと勧められた。

「どうしても毎日ですか？」と聞いたら、「毎日です」と馬場さんがいう。

「若い人だったら、一度休んでも、次の日にまたできる。でも、年齢がいくと、休んでしまったらその次の日にできるとは限らない。毎日と決めてやれば、次の日も必ずできます」

不思議な説得力があるお話でした。その後すぐ、ジャイアント馬場さんが亡くなられたそうで、それを遺言のように思って続けているそうです。そのおかげか、とても元気だとおっしゃっていました。

黒柳さんは、日本で最も上機嫌な人といっても過言ではありません。森光子さんも、スクワットを日に七十回なさると聞きました。

テレビでも、舞台でも、「とちることができない」というのは、異常なプレッシャーです。その中で日本で一番元気な人二人がやっている以上、それなりの意味があると感じ、私は小学生を対象として開催している塾のメニューに加えてみました。

とりあえず五十回。みんなで声を出してやるんです。小学生というのは面白くて、五十回というと、「疲れたーっ」と寝転がっちゃう子もいますが、「まだやるー！」と言う子が必ず出てきます。それが半分以上を占めるので、放っておくと、勝手に百回までやる。それでもまだやるというのですが、やりすぎはよくないから止める。すると、まだやる、まだやる、と言うようになる。

筋肉を使うと、筋肉痛が起きます。筋肉痛は、筋肉を使いましたというメッセージです。筋力は、筋肉痛がおさまるとプラス五パーセントぐらいアップすると言われています。使ったなという感触が残ると、その後の日常でも、その筋肉を使うようになります。ふつうに過ごしていれば、筋力は長期低落傾向になるので、これに歯止めをかけるためには、時々目覚めさせないといけません。特に、太股《ふともも》から腰、お尻《しり》の筋肉に充実感があると、歩く足にも力がこもってきて、気力が湧き上がってくる感じになります。続けることで、さらに力感が得られます。

人間の下半身は、気力と体力を生み出す、いわば原動力のようなものです。上半身というのは、柔らかく外界と応答するという役割を担っています。下半身は気力を担い、上半身はそれを下から吸い上げて柔らかく伝えていく、大ざっぱにいうとそれぞれの役割はこんな風にイメージできます。

「上虚下実《じょうきょかじつ》」という言葉で表現されますが、鳩尾の辺りは力が抜けて「虚」になっているのに対し、臍下丹田は充実しているということです。また、同時に、肩や鳩尾などの上半身の力が抜け（虚）、下半身には力が漲《みなぎ》っている（実）という状態を指します。

腕や腕力を鍛えても気力とはあまり関係ありませんが、下半身を鍛えると、からだの力感が呼び覚まされた状態になります。これには、肩を入れた感じでしこを踏み、股関節を広げることも有効です。

下半身を鍛えないと、推進力が養えません。自分を前に進めていく強さがないと、人間としては弱いものになってしまいます。

また、手の先、足の先も大事です。足の指の間に手の指を入れて、足の指を一本、一本開いてぐるぐる回すと、かなり気力が湧いてきます。足の指、足の裏というのは非常にツボが多い場所であり、外の世界に向かうセンサーの役割を果たしています。**足の裏などの末端を活性化させると、からだが自分のものに戻った感覚を得られ、からだが一つの全体として感じられるようになります。**末端に血が通い、感覚が戻ってくるというのは、非常に大切なことです。

無駄な力を抜いて立つ、寝る

頬杖《ほおづえ》をついて、楽だなと思う姿勢を取ったとします。そこから、一つずつからだの部位をチェックしていきます。本当にここの筋肉が頬を支えるために必要か、もっと力を抜けないか。このように、全てのからだの部位をチェックしてみますと、不必要な緊張をしている部位が見つかり、必要最小限の支え方がわかります。これが、アレクサンダー・テクニークと呼ばれる身体技法です。

寝ているときも同じです。寝た姿勢は楽な姿勢と思いがちですが、不必要に緊張していることがあります。肩や首筋が余分に上がっていたりする。この力を抜いて、**一つの姿勢を保持するのに必要な、最小限の筋肉でからだを支える訓練をします。**

たとえば立っているとき、腰の位置が悪いと、上半身で調整しようと力んでしまうことがある。ですから、できるだけ少ない筋力で一点を支えにして立つのがよいのです。そして、足の親指の付け根の二点、土踏まずの辺りに全ての力が落ちていく感じをイメージする。後は必要ない。正座をする際にも言われるように、天井のてっぺんからつり下げられているような感じ。上に引っ張られ、しかる後につり下げられる、すーっと軸が通った感じです。その状態は、ほとんど力が要りません。長い棒を手のひらに載せ立てたときに、うまくある一点ですーっと立つ感じです。「上のほうに伸びるからだ」が、アレクサンダー・テクニークでは緊張状態のとれたからだであるとしています。

膝は少し緩め、たとえば電車などの振動を吸収できる程度にゆとりを持たせておきます。体重は両脚に均等に乗せ、重心は中心軸に置く。その際、中心軸となるのは、臍下丹田であり、背骨です。

自然体を見失ってしまった自分のからだに、改めて無駄な力を抜いた姿勢を見つけてあげる。これもまた、気分をコントロールするための、からだの技の一つです。**無駄な力のないからだは安定していますので、どんな方向から球が飛んできても、素早く柔らかく反応することができます。**

自分のからだに敏感になり、無駄な力を極力抜きましょう。

上機嫌に支配されるからだになる

肯定的に、積極的な考え方をする「ポジティブシンキング」という言葉がありますが、上機嫌という言葉には、思考だけではなく身体的な意味合いも含まれます。確かにポジティブな考え方は上機嫌に繋がってくるものですが、**機嫌は人間のトータルな存在が醸し出す雰囲気の問題、本質的な問題です。**

人間は、欲望を阻害されると不機嫌になります。これは大変に危険なことです。食欲、性欲、睡眠欲の生物的な三つの欲望、さらに「温まりたい」欲望が満たされないと、不機嫌の量がコントロールできなくなる。これを一気に解消しようとすると、いきなり犯罪に走るような最悪の事態に突入します。エネルギーが使いきれない、滞留して吐き出し口がないことによる、ヒステリー、むかつく、うざい、キレる、というのは全て不機嫌の究極の状態です。

上手に疲れれば、不機嫌は解消することができます。ですから、**上機嫌とは自分を上手に、適正量、疲れさせることでもあります。**上手に疲れるというのは、非常に重要な課題です。うつ気味になってくると、活動を抑える方向に自分の意識が働きます。活動範囲が抑えられてきて、何もする気がしないために、いよいよからだが疲れなくなってきて眠れなくなる。機嫌をこじらせ、こころの病に入りますと、生活が大変困難になります。

上手に疲れる習慣を体得し、不機嫌沼から自分を引き離しましょう。
仮眠上手も、上機嫌なからだの習慣術です。完全に寝てしまうと寝起きが不機嫌になる可能性がありますので、眼を閉じた仮死状態、ヨガでいう「死体のポーズ」でからだを休めてみます。これは、ヨガの体位をした後に必ず行うポーズで、完全弛《し》緩《かん》法とも言います。自分を一度死んだものとし、全身を完全に弛緩させ、脳のスイッチをオフにして休ませる。脳の容量が大きいと不機嫌になりにくいのですが、不機嫌が発芽しそうになったら、どこでもできるこのポーズが有効です。**機嫌の根本にはからだがありますので、からだは常にオープンに、フラットにしておきましょう。**

外に行って人と会っても気を遣えないというのは、人間にとって深刻な問題です。本来、人と会ったり、いろんなことが起こったりすると、一つのことで悩んでいられません。一つの問題を、グチャグチャグチャグチャとずーっと引きずって、絶対に人を許さないのは、それだけ気持ちに暇があり、その暇を不機嫌につけこまれているためです。無理矢理上機嫌にならなければいけない相手を何人もこなしていくと、ネガティブな感情を持続させることができなくなります。

上機嫌を、基本的気分として自分を支配させる。すると、人といる時間がさしてストレスにならなくなるのです。

改めて、上機嫌をからだの習慣として捉え直してみてください。

第四章　かつて「不機嫌の時代」があった

日本人が上機嫌であった時代

江戸時代までの日本は、精神的に、八百万《やおよろず》的な緩やかな環境で、性に関しても開放的な国でした。キリスト教、あるいはイスラム教のような厳しい戒律は、宗教的背景としては存在しなかったのです。一神教の強大な神が支配している場合、基本的気分としては上機嫌ではいにくいでしょう。叱《しか》られる、罰せられる。「戒律」が、気分を制約しているからです。

「おっと合点、承知の助」「その手は桑名《くわな》の焼き蛤《はまぐり》」といった表現は、上機嫌の証拠です。「わかったよ」で済むところを、**敢《あ》えて無駄な言葉遊びをする。過剰さがむしろ会話の回転をよくする。**潤滑油になる。そういう地口、軽口が江戸時代にはたくさんあった。これはいわば天然の気質で、何か作為を持ってやっていたこととは考えにくい。『浮世風呂《ぶろ》』『東海道中膝栗毛《ひざくりげ》』などは、ほとんど無駄な言葉でできているようなものです。会話に対するサービス精神が溢《あふ》れ、余計な一言を付け加えながら全ての会話が展開しています。

この上機嫌ぶりは、歌舞伎の台詞《せりふ》にも表れています。一八六〇年に初演された、河《かわ》竹黙阿弥《たけもくあみ》の書いた『三人吉三廓初買《さんにんきちさくるわのはつがい》』には、ご機嫌で名調子の台詞が出てきます。

> 月も朧《おぼろ》に白魚の、篝《かがり》もかすむ春の空、冷てえ風もほろ酔いに、心持ようくうか〳〵と、浮かれ烏《がらす》の只《ただ》一羽、塒《ねぐら》へ帰る川端で、棹《さお》の雫《しずく》か濡手《ぬれて》で粟《あわ》、思いがけなく手に入る百両、
>
> ほんに今夜は節分か、西の海より川の中、落ちた夜鷹《よたか》は厄落し、豆沢山の一文の、銭と違って金包み、こいつァ春から縁起がいいわえ。

時は節分の宵、舞台は大川（隅田《すみだ》川）端。お嬢吉三《じょうきちさ》という女装の盗人が、百両を持った女から金を奪い、川へ突き落として言う台詞です。「白魚獲りのかがり火もかすむ春の朧月夜に、ほろ酔いかげんで家に帰ろうと通りかかった大川の端で、思いがけ

なく百両を手に入れた！　なるほど今夜は節分、厄落としの一文銭とちがって、大金の包み、こいつは春から縁起がいい！」という意味です。勢いがあって、こちらも乗ってきます。

物売りの声なども同じです。

「あーい、飴《あめ》やァ。飴や飴やヨカヨカ飴や。太鼓叩《たた》いてヨーカヨーカ。これでオマンマ食べられりゃ、のんきな商売やめられない。飴やァ、ヨカヨカ飴や飴ーッ！」

この調子のよさはどうでしょう。不機嫌ではけして出せないリズム感です。

しかしこれは、寒いダジャレを言うことではありません。社会全体が一言余計に気持ちを盛り上げる土壌、つまり上機嫌の湯泉があったのです。

江戸の町人が目指していたのは、上機嫌湯に皆で入ろうという社会でした。落語のように毎日を暮らしていたわけではないにしろ、気楽にポジティブに考えようという姿勢があった。現在でも下町に行くと、まだそういった空気が残っています。**相手を気まずくさせないような言葉のやり取りは、上機嫌の原点です。**

このように、上機嫌は日本の町人文化が目指していた一つの理想型でした。

江戸の世界でも、武士は町人に比べ圧倒的に不機嫌でした。私が思うに、軍隊というところはいつの時代も大変不機嫌なところです。不機嫌な気分で人を「鍛えてやる」という土壌です。「からだを律し、こころを制する」という、言葉通りとれば美しい精神論を曲解し、一時それが実社会でも正しい教育法であるような錯覚を植えつけた。明治から昭和にかけ、戦争の影が現れるにつれ、不機嫌沼が生活を浸食してきたのです。

「不機嫌の時代」の到来

一九七六（昭和五十一）年、山崎正和《まさかず》さんが『不機嫌の時代』（現在、講談社学術文庫）という著書を出版しました。七三年の第一次オイルショック後のことで、もう成長もないというデプレッシブな気分が社会を覆っていた時代です。不機嫌を再考すべき時代のタイミングだったのだと思われます。

その中で、山崎さんは、「日露戦争の戦後がしだいに『戦後』として意識されるやうになったころ」に不機嫌というものが誕生し自覚されたと書いています。ここでは、不機嫌小説の代表選手、志賀直哉《しがなおや》の『大津順吉《おおつじゅんきち》』を取り上げています。主人公は「うつたうしい気候から来る不機嫌」が「他人に対する不快と一緒になつて」いることに悩まされています。「『何となく不快』な気分として感じられるこの鬱屈《うっくつ》は、第一に、それを惹《ひ》き起した原因を明確にさし示せないところが特色であった」と、山崎さんは言います。

以前に「むかつく」の研究をし、『ムカックからだ』（新潮文庫）という著書を書いた際に、私はむかつく元祖として、ドストエフスキーの『罪と罰』の主人公、ラスコーリニコフを取り上げました。ラスコーリニコフは、むやみにむかついてる、超不機嫌野郎です。下宿代を未払いにしているため、おかみさんと顔を合わせるのがこわい。のみならず、孤独な生活を送っていたので、誰と会うのもこわい。街行く人や、その街の塵埃《じんあい》、悪臭にこれでもかと不愉快に刺激される。大した根拠のない不機嫌で、本当に困っているわけではない。毎日ブラブラしている。人生は確かに行き詰まっているけれど、それは自己評価があまりにも大きいために起こったものです。自分はナポレオンのように評価されていい。ナポレオンだったら何万人殺してもいい。自分ぐらいナポレオンに近い人間であれば、金貸しの老婆を殺しても大丈夫だろう。そういう滅茶苦茶な論理を組み立てていく。この男は、極めて鬱屈した不機嫌な男です。

不機嫌な青年像というのは、それまではほとんど描かれてこなかった近代的な人間像で、志賀直哉にも通じるものがあります。志賀直哉の小説には不機嫌な登場人物が多いのですが、『剃刀《かみそり》』という短編の主人公、芳三郎《よしさぶろう》も極めつけに不機嫌です。

六本木の床屋である、芳三郎は剃刀使いの名人でしたが、最近二人ほど従業員を解雇し店が忙しいところに、風邪を引いてどうにも調子が悪く、ピリピリとしています。近所の人から頼まれた砥《と》ぎの仕事も、風邪のせいか手元が狂う。そこに、若い男が鬚《ひげ》を剃《そ》って欲しいとやってきます。

「切れない剃刀で剃られながらも若者は平気な顔をして居る。痛くも痒《かゆ》くもないと云《い》う風である。その無神経さが芳三郎には無闇と癪《しゃく》に触った。使いつけの切れる剃刀がないではなかったが彼はそれと更《か》えようとはしなかった。どうせ何でもかまうものかという気である」

切れ味にこだわる芳三郎が、「こだわればこだわるほど癇癪《かんしやく》が起こって来る」。芳三郎が話し相手にならないと思い、若者はいつしか寝入ってしまいます。癇癪が高じ、何もかも投げ出したいと思った芳三郎は、かつて一度も傷つけたことのない客の顔を、剃刀でほんの少しだけ切ってしまいます。その傷を見たことで、芳三郎の何かに火がつき、若者を刺してしまうのです。

「呼吸はだんだん忙しくなる。彼の全身全心は全く傷に吸い込まれたように見えた。今はどうにもそれに打ち克《か》つ事が出来なくなった。……彼は剃刀を逆手に持ちかえるといきなりぐいと咽《のど》をやった。刃がすっかり隠れる程に」

芳三郎のこの不機嫌の理由には、忙しさ、体調の悪さ、従業員や家族との交流のままならなさ、仕事の出来の悪さ、客の品性の悪さ、などがあげられますが、非常に衝動的で、いわば不条理なものです。それで人を刺すか、というような理由です。

この主人公も、**行き場のないエネルギーを内側に抱えていた**。明治四十三年に書かれた作品ですから、時代の気分を色濃く反映しているといってよいでしょう。

では、この不機嫌な登場人物たちがどの程度大変な状況にいるかというと、貧しさの中で限界まで辛い思いを味わったために、鬱屈して不機嫌になったわけではありません。

漱石《そうせき》の作品の底にも、不機嫌があります。初期に書かれた『坊っちゃん』や『吾輩《わがはい》は猫である』は笑えますが、作品はどんどん不機嫌になってきます。そもそも、彼は上機嫌ではなかった。漱石の元に通った和辻哲郎《わつじてつろう》は、『吾輩は猫である』や『道草』を書いた当時、「漱石は、世間全体が癪にさわってたまらず、そのためにからだを滅茶苦茶に破壊してしまった、とみずから言っている」と随筆に書いています。『吾輩は猫である』が明治三十八年、『道草』が大正四年ですから、非常に長い間不機嫌であったと言ってもいいでしょう。小説の中でも、こんな表現があります。

兄さんは自分が鋭敏なだけに、自分のこうと思った針金の様に際《きわ》どい線の上を渡って生活の歩を進めて行きます。その代り相手も同じ際どい針金の上を、踏み外さずに進んで来て呉れなければ我慢しないのです。然しこれが兄さんの我儘《わがまま》から来ると思うと間違いです。兄さんの予期通りに兄さんに向って働き懸ける世の中を想像して見ると、それは今の世の中より遥《はるか》に進んだものでなければなりません。従って兄さんは美的にも智的にも乃至《ないし》倫理的にも自分程進んでいない世の中を忌《い》むのです。だから唯《ただ》の我儘とは違うでしょう。（中略）
「死ぬか、気が違うか、それでなければ宗教に入《い》るか。僕の前途にはこの三つのものしかない」
兄さんは果してこう云《い》い出しました。

夏目漱石『行人』

漱石は知性が卓越していたため、弟子たちの集まりである木曜会のメンバー一人ひとりに対しては、常に懇切丁寧、機嫌を保って接しています。和辻によれば、木曜会で接した漱石は、「良識に富んだ、穏やかな、円熟した紳士であった。癇癪を起こしたり、気ちがいじみたことをするようなところは、全然見えなかった」といいます。しかし、「漱石は多くの若い連中に対してほとんど父親のような役目をつとめ尽くしたが、その代わり自分の子供たちからはほとんど父親としては迎えられなかった」『漱石の人物』（岩波文庫『和辻哲郎随筆集』）

家族にはそのしわ寄せがきたのでしょう。

「間の襖《ふすま》を一つ隔てた隣の書斎に父がじっと虎のように蹲《うずくま》っている」様子を、息子である夏目伸六《しんろく》が、『父・夏目漱石』（文春文庫）に書いています。

近代的自我を持つことは、生きることに関する悩みを一身に背負うことでした。**漱石、鷗外《おうがい》クラスになりますと、近代日本の課題を一身に背負い、その大きさのために不機嫌になった。**日本の百年ぐらいを背負った上での不機嫌は、いたしかたのないものでしょう。

今はこの不機嫌さが、表現者ではなくて、一般の何でもない人にまできてしまっている。不機嫌さが知的であるという錯覚がどこかで根付いてしまったのでしょう。

困難な生活の中の上機嫌

貧しさは、必ずしも不機嫌さを呼びません。

刊行された当時、書き手の少女のけなげさが大変な話題となった『にあんちゃん』

（西日本新聞社）という日記があります。昭和二十八年から二十九年にかけて書かれた日記で、両親を亡くした在日韓国人の少女が、炭鉱住宅で兄らと懸命に生きる姿が綴《つづ》られています。戦後の極端に困難な生活の中で努力を重ねた様子が十歳の少女の目を通し、不思議に明るい口調で描かれています。

私たちは、いまこの家から、出て行ってくれといわれているのです。それで、兄さんは、また新しく、私たち二人をあずかってくれる家を、さがしてまわっているのですが、いまどき、そんな家は、どこにもないのです。

きょうのおじさんの口ぶりでは、もうどうしても、がまんがならないというように、きこえました。もし、追いだされたとしても、私は、おじさんをうらむことはありません。

はじめは、たすけられたのです。いままで、おいてもらっただけでも、ありがたいことです。

両親がいない十歳の子供が、住む家を出されようとしている。お兄さんには仕事がない。そんなどん底の状態でも、兄は弟妹のことを「りっぱな弟妹の兄さんだということだけで心から幸福感にひたることができる」と手紙に書いています。本当の貧しさ、辛さの中で、兄妹たちはそこに引きこもるのではなく少しでも機嫌をよくするものを探していたのです。

是枝裕和《これえだひろかず》監督の『誰も知らない』という映画も、悲惨な状況を描いた物語です。母と四人の子供たちが、アパート暮らしをしている。父親は皆別々で、子供たちは学校に通ったこともありません。ところがある日母は姿を消し、四人の子供たちだけの生活が始まるのです。最初はニコニコしていたのが、追い込まれて淀《よど》んでくる。でも、親を恨むわけでもなく自分たちで生活をしてゆく。これは、実話を基にしているそうですが、親に捨てられ、これ以上どうにもならない状況はないというときでも、それなりに生きて、深刻なところ、ドつぼにはまりきらない。ある種の生命力の感じられる、妙にリアルな映画でした。

こういった切実な状況にある人に比べ、どちらかというと余裕のある状態の人たちが不機嫌に陥る傾向があります。**非燃焼感、エネルギーが鬱屈して溜《た》まった状態にあって、はけ口がなくなったために不機嫌になる。**要するにかったるいと言われる状態で、うまく発散できず、エネルギーが内側に向かってしまっているのです。

ニーチェも説いた上機嫌の力

愛想良く上機嫌でいることは、みっともない浅薄な状態だと取られた時代がありました。私もそういう病にかかったことがありました。近代的自我という言葉に憧《あこが》れ、自我を獲得するためには不機嫌でなければならないというメッセージを信じた。この世の不条理を一身に引き受け、世をはかなむという罠《わな》に陥ったのです。

これが浅はかな考えだということは、ゲーテを読んだときにわかりました。

近代ロマン主義は、必要以上に自分の病的な部分を拡大して見せ、深さとして表現します。ですが、それは**深さではなく健康さが足りないだけのこと**だとゲーテはいいます。ギリシャ、ローマにあっては、すべての芸術は力強く、健康だった。にもかかわらず、なぜこんなに弱いことが価値と見なされるようになってしまったのか。

エッカーマンの『ゲーテとの対話』(岩波文庫)の中にも、近代ロマン主義的な風潮に対する徹底的な批判がある。古代の力強い、レベルの高い人間性や文化を取り戻さなくてはいけないという、強い主張がある。

確かに私たちは、レベルの高い人間性とは、心理的にぐちゃぐちゃしているものと錯覚しているところがあります。クリアにものを考えるのは、知性的ではないという誤ったメッセージを送られ続けてしまったのです。

ニーチェはこれを批判した。ニーチェはゲーテのファンでした。私の理解ですが、ニーチェはキリスト教会が不必要に人々を不機嫌にさせているということに、非常に不満を持っていた。イエスについては、ニーチェは評価しているのですが、教会が、思いっきり笑える状態をなくしているために、人間を卑小なものにしていくことに対し大きな不満を持っていました。「隣人愛」という考え方が、ひがみ根性を助長しているというような主張もみられます。

教会が支配している空気は、上機嫌に笑う状況からは程遠いものでした。

人間の基本的欲望を宗教によって抑えつけられた様子は、『バベットの晩餐会《ばんさん》』という、十九世紀後半のデンマークを舞台にした映画でも、見ることができます。質素な生活を送っているプロテスタントの村に、カトリックの国フランスからバベットという女性がやってきて、家政婦として働くことになる。時代とともに村人にいさかいが絶えなくなったことを憂えたバベットの雇い主は、晩餐会を行うことで皆の心を一つにしようと思いつく。そんなとき宝くじが当たり、実は元シェフであったバベットは、フランス料理を提案する。運ばれた食材の贅沢《ぜいたく》さに、天罰が下ると雇い主は恐怖を抱きますが、晩餐会が始まると、バベットの料理は村人たちのこころを解きほぐしてゆきます。映画はモノクロからカラーになり、人々はロマンチックな出来事を思い出すのです。気まずかった村人同士に、こころが通い始めるのです。バベット自身はとりたてて上機嫌な人ではありませんが、皆を上機嫌にする方法を知っていました。

過剰な抑圧と禁欲は、人々のこころを硬く不機嫌にするのです。

十八世紀から十九世紀を生きたゲーテやニーチェには、あの時代にあって不機嫌の危険性がよく見えていた。だからこそ、彼らは偉大なのです。

「達観」と「不動心」　機嫌をコントロールした人たち

気分は、基本的にこころの習慣です。ですから、**気分は場によって決まるものではありません。気分はコントロールし得るのです。**

お釈迦《しゃか》さまを見てもわかりますが、歴史的に東洋では「できた人」には気持ちの安定した人が多いのです。良寛や一休は、基本的に飄々《ひょうひょう》としています。

良寛には、こんな話が残っています。

有名になってしまった良寛の書を手に入れたい万輔ですが、碁で良寛が負ければ書を渡すということになった。良寛はあっさり負け、万輔に句を贈ります。

柿もぎの睾丸《きんたま》寒し秋の風

この句も充分に上機嫌なのですが、負けるたびに同じ句を書く良寛に怒った万輔に対し、「おめもおんなじ碁で三度も勝ったもん。おれも三度おんなじもんを書《け》えたんだ」という応じ方にも上機嫌が表れています。

禅のお坊さんも不機嫌なようでは二流です。ただ人がいいのではなく、ジョークの二つ三つも飛ばせる、気の利いたことを言うぐらいでないとダメなんです。ニコニコしていて穏やかという状態は、目指すほどの上機嫌ではありません。**私たちが目指す「知性のある上機嫌さ」は、ひねりの利いた冗談や、当意即妙な返答を出し、相手とコミュニケーションするというものです。**禅のお坊さんは、それを鍛えていた節もあります。他の人と同じようには考えず、深いところからものを言う伝統があり、ゆったりとした穏やかな上機嫌を、常に出していた。

三島由紀夫《みしまゆきお》の『金閣寺』（新潮文庫）の終盤に、桑井禅海という和尚が出てきます。和尚が虚栄心のない、見たまま感じたままを口にする人であると知った主人公の「私」は、金閣寺を焼くという企てを見抜かれるのではないかと案じます。そこで、和尚に「人に見られるとおりに生きていればよろしいのでしょうか」と尋ねます。和尚は、「そうも行くまい。しかし変ったことを仕出かせば、又人はそのように見てくれるのじゃ。世間は忘れっぽいでな」と答える。さらに、「私の本心を見抜いて下さい」とたたみかけると、「見抜く必要はない。みんなお前の面上にあらわれておる」

と和尚は言います。

とりつかれた青年に対し、この言葉は結果的に抑止にはならなかったのですが、「私」はまっすぐに向かい合った和尚の言葉に「完全に、残る隈《くま》なく理解された」と感じます。コミュニケーションが成立したのです。

ですが、この「達観」と「不動心」は、誰にでも簡単に身につけられるものではありません。上機嫌よりさらに高度で厳しいこころの習慣づけ、訓練が必要です。ここに、他の人よりも余裕が必要なのです。余裕があると自覚される方は、この方向にも是非トライしてみてください。しかし、**達観へはとても行き着けないなと思う方は、せめて上機嫌、最低でも上機嫌にいたしましょう。**


「不機嫌の時代」から、「自分にこもった時代」へ

「不機嫌な人間は元々常に不機嫌から脱出しようとして不機嫌なのであり、この脱出の試みそれ自体が不機嫌の重要な一部を形作っている」と、山崎正和さんは書きまし

た。しかし、ここまで山崎さんが時代を見つめたにもかかわらず、その風潮は変わらなかった。彼が取り上げた人たちというのは、知性に溢れた人たちです。明《めい》晰《せき》な知性故に、問題が見えすぎて不機嫌になった。この不機嫌さと、現在蔓延《まんえん》している知性を欠いた不機嫌さとは全く種類が異なります。

当時は、こういう知識層には不機嫌になるだけの理由がありました。見なくてもいいマクロな問題が見え、それを一身に担った。現代の日本を築くための先駆的な役割を果たした、ミッションを負った人たちが生きた時代と、今とは時代が違います。

さらにいえば、現代の不機嫌は、知性に欠ける不機嫌さですらなく、**鈍感だから不機嫌、社会性が低いから不機嫌**なのです。極端な言い方をすると、昔は途《と》轍《てつ》もなく優秀な人であれば多少の不機嫌が許された。ところが今は、優秀でなくても不機嫌でいいという、野放し状態です。**不機嫌に対する社会の取り締まりが弱くなってしまった。**せめて気立てぐらい、人柄だけは、気持ちを盛り上げることがなければ、という前提が薄れてしまった。

無気力を野放しにしないという風潮は、まだ一九六〇年代にはありました。しらけ世代などといわれましたが、今思うとあの時代はまだ、無気力無関心でいいという社会の風潮はありませんでした。

その後、バブル期に日本は、知性はなくて上機嫌というゾーンに突入しました。知性や教養、本質なんて要らないという時代でした。「バカでいい」「好きなものは好き」「真面目に働くなんて馬鹿馬鹿しい」という空気が社会全体に広まり、小洒落《じゃれ》て中身のないものが増えた。内実はなくていいというメッセージをプロパガンダのように流し、拝金主義が跋扈《ばっこ》した。**内実がない、空っぽなものを、私は上機嫌力とは認めません。**

一九九六年(平成八年)に林真理子《はやしまりこ》さんが描いた『不機嫌な果実』(文春文庫)の主人公麻也子は、都会的で様子のいい夫と暮らし、他の男と逢引《あいびき》できるような生活を送りながら、「私はものすごく損をしたんじゃないだろうか」と常に思っています。麻也子は、野村との気楽なダブル不倫と同時に、工藤という音楽評論家と新たに出会い恋をして、夫と離婚し工藤と結婚するという決意をしますが、再婚後すぐに野村を呼び出し、こうつぶやくのです。

「楽しいことなんかあんまりないんだもの。最初楽しくてもいつだってすぐにつまらなくなってしまう。いつもこんな繰り返しなの」

これが、九〇年代後半の不機嫌像なのです。手にしたものに飽き足らない、**経済面に不足はなく、人間関係にも決定的な問題があるわけではないのに、瑣末《さまつ》なことにばかり気をとられ、「損をした」感じばかり抱いて、上機嫌からは程遠い。**実に現代的な不機嫌像です。次々と不倫をしながら、テンションは常に低め安定。

「自分のように、不幸なのか幸福なのか、ついているのかそうでないのか、はっきりと判断出来ないような人生がいちばん困るのだと麻也子は思う」というのですから、それが幸福なのだ！と突っ込みたくなります。

一九九九年（平成十一年）に刊行され、時代の空気に鋭く切り込んだエッセイとして注目を浴びた、田口ランディさんの『もう消費すら快楽じゃない彼女へ』（現在、幻冬舎文庫）の冒頭には、直ちゃんという女性が出てきます。洋服と溜《た》めきったゴミに埋もれ、テレビは見ずレディスコミックを読み、メイクしたままで寝る直ちゃん。田口ランディさんはそこに「底なし穴のような果てしない虚無」を見ます。

「夜の勤めだから連ドラも見れないしさー。と口をとがらす直ちゃんは、無気力なわけでも、元気がないわけでもない。どちらかと言えばぎゃははと明るいタイプの女の子に見える。でも、彼女が背負っているこの寂しさは何なんだろう？　寂しさというよりも人恋しさだろうか。見知らぬ私を泊めて、さらに明日も引き留めようとする猛烈な人恋しさ」

直ちゃんは機嫌はよくても、その生活に内実が感じられず、訪れた客を逆に怯《おび》えさせます。刹那《せつな》的な、そもそも快楽の範疇《はんちゅう》にすら入るものか傍《はた》からはわからない「ゴミだらけの部屋で暮らす」生活。これを書いた田口ランディさんが心底怯えたかどうかはわかりませんが、そこに**従来の価値観から明らかに逸脱した種類の壊れた「気分」**を感じ取り、こうエッセイをまとめています。

「ぎりぎりの生産性で生きている。彼女は何もしない。

もう消費ですら彼女にとっては快楽じゃないのだ。」

二〇〇三年（平成十五年）に刊行され、翌年最年少で芥川賞を受賞し話題となった綿矢《わたや》りささんの『蹴《け》りたい背中』（河出書房新社）で、主人公の女子高生はほのかな好意をよせるにな川のことをこう描写します。「私を見ているようで見ていない彼の目は、生気がごっそり抜け落ちて」「完全に停電して」いる少年。にな川は、憧れの女性モデル、オリチャンのことになると、異様な情熱を発揮します。オリチャンとすれ違ったというだけの理由で主人公の少女を家に招き、自分は一人、イヤホンでオリチャンのラジオに熱中するのです。そして、少女にこう思わせる。

「この、もの哀しく丸まった、無防備な背中を蹴りたい。痛がるにな川を見たい」

どうやらにな川と少女は、オリチャンというアイドルを通してこころの交流ができているようですので、二人の間にはある種の世界があり、青春小説としては美しいのですが、ふつうに考えれば「背中を蹴りたくなるような少年」は、対人能力に欠けた、閉じた人です。蹴とばしてくれる女の子がいてにな川はとてもラッキーでしたが、なかなかこんな幸運はないでしょう。

こういった時代を経て、二〇〇五年の日本には、空騒ぎもしない、元気もない、一人でこもる人が圧倒的に増えた。学ぶ気力、働く気力のない人たちは、引きこもっているほうが快適でしょう。

不機嫌な人は、他人の不機嫌には敏感です。引きこもっている人は、外に出たときに人に対して機嫌よく振る舞えず、疲れてしまってまた戻る。しかし、**不機嫌な状態が続いてしまうと、抜け出るきっかけを失ってしまいます。**

上機嫌の技を身につければ、実際の自分の状態にかかわらず、人とうまく接することができます。第五章で、その技を身につけるためのメソッドをお教えしましょう。

第五章　上機嫌の技化のメソッド

気分に呑み込まれている人は、不機嫌に陥りやすい

まず、**自分が不機嫌になるのはどういうパターンか**を、探ってみます。

私の場合、寝不足だと不機嫌です。寝ぐずりというやつです。寝不足、空腹、からだが冷えているともっといけません。意外にシンプルですね。これらが不充分でもご機嫌という人はまずいないでしょう。この三つに対処すれば、仕事上の悩みがいろいろあるとしても、それは基本的にいつもあることなので、問題ではありません。まずは寝て、御飯を食べて、温まる、というシンプルな条件を整えます。

私自身、自分がどういうときに不機嫌になるかに気づいたのは三十代でした。それまでは、不機嫌であることに対して反省を求められる機会が少なかったのです。

実は私自身は、自分が不機嫌でいたことによる社会的な損害を山ほど被っています。不機嫌そうにしていると、だいたい周りの人は存在をバカにされている、敵意を持っ

ているというふうに受け取ります。無視されたと受け止める人もいます。不機嫌である理由はいろいろで、単に眠かっただけということもあります。ですが、理由は斟《しん》酌《しゃく》されず、単に否定的な感情として相手に受け取られる。ニコニコ頷《うなず》いて、時々質問の一つもしていればよかったのに、全く逆の態度を取ったため、後々のダメージに繋《つな》がりました。不機嫌な若い人に対してよくしてやろうという人は、あまりいません。

被る敵意は生きていく上で圧倒的に無駄なものですから、これを避けるためには、**気分に巻き込まれた状態から、自分を引き離して見る力**が必要です。それが、大人の知性であり、上機嫌力への第一歩なのです。

次に、**どういうときに自分は上機嫌になるかを、自分自身で見極めましょう。**

私が「偏愛マップ」と呼ぶメソッドですが、上機嫌になれるキーワードを、ランダムに書き出してみるのです。できるだけカオスを作るように、どんどん書いていきます。その上で、私がここで言う上機嫌力は、人との関わりの中で触発されて出るものですから、たとえば買い物、音楽鑑賞などは、個人で楽しむものとして緑色で丸をしてみます。これは単なる好き嫌いとは違いますので、仕事や家庭、全てのシーンにいる自分を思い浮かべてください。その中で自分が上機嫌でいるのはどんなときか？たとえば、子どもとキャッチボールをしているとき、同僚と酒場で仕事のアイデアをぶつけ合っているときなど、具体的なシチュエーションを書き出します。ランダムに書き出すことで、思考のプロセスが形になって見えてきます。

その中で、人と関わるシチュエーションが多ければ多いほど、上機嫌力の技化《わざか》に近いところにいることになります。

私は、仕事上では常に上機嫌です。最近は予定が全部仕事で埋まっているので、上機嫌でない瞬間がありませんが、先にも申し上げたように、これは私の本来の性格ではありません。

自分ひとりでやることばかり書いた人も、もう少し考えてみましょう。たとえば、友人とサッカーの話をしているとき、仕事の交渉がうまくいったときなど、人と関わる「上機嫌」は必ず何かしら見つかるはずです。

その偏愛マップの中に、あなたを上機嫌にするアイテムが浮かび上がってきます。

「ハイタッチと拍手」の絶大な効果

明治大学の情報コミュニケーション学部で集中講義を行うにあたって、気分に囚われずに頭が働く状態を維持するというトレーニングを、学生に課しました。約百三十人の学生が、三日間で完全にそれをものにしました。

決め手は、**プレゼンを始める前に、全員のテンションを上げさせることでした。**

四人一組に分かれ、組の中でプレゼンテーションをします。

スタートの声を合図に、グループになった四人全員が立ち上がって拍手をする。そして発言者がイエイ、イエイ、イエイと声を出しながら、他の三人とパンパンパンとハイタッチをするわけです。そうやって気持ちを高揚させてから、聞き手の三人は座り、発言者だけが立って話し始める。終わったあとに拍手するのではなく、**始めるときに拍手とハイタッチ。**日本人にとって、拍手をし、声を出してハイタッチをするほど「ご機嫌な状態」というのはまずありません。それを意図的にやり、テンションを高めてスタートする。

それを何度も何度も繰り返していくことにより、その状態を自分で創り出すことができるようになっていく、すなわち「技化」されていくのです。

これはコミュニケーションの授業です。しかし、ただ「コミュニケーション上手になろう」と掲げても少しも具体的ではない。何をしたらいいかわからない。**具体的且つ意味のあることでなければ目標にはなりません。**

そこで、からだを主体にして、人に対してオープンな構えを作れるようにするにはどうしたらいいかと考え、「上機嫌を技化しよう」という目標を定めることにしたのです。

最初に「これから三日間の集中講義の目標は、『上機嫌の技化です』」と宣言したところ、学生は笑いました。「機嫌を技化する」という発想そのものがないため、意味がわからなかったのです。

「ちなみに、不機嫌であることというのは、多くの場合、能力の欠如を覆い隠すためのものです。非常にまれに、向上心があるにもかかわらず、求めるものがあまりにも大きすぎ、そのギャップのために不機嫌になることはある。皆さんの場合は、そういう域に達していません。**ほどほどの能力の人が不機嫌であれば、まず相手にされません。**就職試験にすら通りません。今の時代、疲弊している日本の社会で求められているのは即戦力です。わかりやすい元気です。『君のその不機嫌の鬱屈《うっくつ》したエネルギーを買うよ』と採用されるなんてあり得ない。つまり皆さんは、基本的に、つとめて上機嫌でいることしかないわけです」とまくしたてた。

だから、常ににこやかに機嫌よく人に接し、周りの人が気持ちよくいられる、そういう人間になることを「技化」させるのが今回の目的です、と。

授業の中味も、二十分間は英語だけでディスカッションさせたりしますから、ふつうの大学一年生にとっては、けっこう苦痛です。たとえば、「my favorite things」について話すという条件をつける。「My name is……」と話を始めるのではなくて、「My favorite movie is……」といったかたちで始めて、できるだけ馬鹿馬鹿しくて簡単で具体的なことを話して、いかにそれが面白いのかを語る。ボディランゲージも含めて訴える。

頭で何を話そう、どう英語で表現しようかと悶々《もんもん》するところを、敢えてテンションを上げる。すると、気持ちがふっきれて、プレゼンテーションがやりやすくなります。実際、学生たちもみんなやりやすくなったと言います。

最初は面白がっていますが、二日目ぐらいになると明らかに疲れてくる。メニューがハードですから、肉体的に疲れてくる。そうすると、ハイタッチをして盛り上げて入ることに、心理的な抵抗が生まれてきます。しかし、**疲れたときにこそテンションを上げられなければ、機嫌を技化させることにならない**、と追い討ちをかける。調子の悪いときにでもできるから「技」になると要求する。

「疲れてきましたね、皆さん。百数十人分の疲労が手に取るように伝わってきます。はい、淀《よど》んでいますね。これをやること自体には意味を感じるけれど、からだがついていかないと思っていますね。そこで敢えてやるところが『技』になるんですよ」と言う。すると、もう一回持ち直す。もう一回突き抜ける。それを繰り返していると、どんどんタフになっていきます。

それは実際、日常にはあり得ない光景です。

パチパチパチパチ、は〜い行きます、イエイ、イエイ、イエイ、パンパンパンですから、馬鹿馬鹿しいと言っていいほどの雰囲気です。

しかし、その突き抜けたような祭り感覚、日常とは違う枠組みの中で、自分をどれだけ曝《さら》け出せるかが大切なのです。

「自己客観視」が、「自己肯定力」になる

この授業では、プレゼンの内容がよかった人は、オープンな構えで話せていた人は、聞き手としての態度がよかった人は、といった個別の項目を設け、互いに指差して評価しあうようにしました。

当然ながら、誰からも評価されない、指を差されない人が出てきます。その瞬間、差されなかった人はポジティブに反応しよう、という約束事を決めておく。ふつうは絶句してしまうところです。もともと自信がなかったとしても、やっぱり誰からも評価されなかったという事実を目前に突きつけられると、ショックを感じないわけがな

い。一瞬、こころが凍る。それは当たり前の反応です。しかし、そこでどよんとしてはいけない。**一番機嫌よくしていられない瞬間だからこそ、明るく振る舞うことがトレーニングになる。**いいと思った相手に「あそこがよかったよね」と言葉をかけるのでもいいし、「なんだよ、俺はなしかよ！」という叫びでもいい。とにかく暗くならないでアピールをするよう要求するわけです。

最初は、その場で指差すことに抵抗がありますが、何回か続けているうちにすっかり慣れ、そのほうが気持ちいい、結果を突きつけられたほうがすっきりするという心境になる。他人に対する嫉妬《しっと》心、自分の能力の欠如というものを乗り越えるのです。自分の中のある種の嫉妬心、不安、あるいはそれらを覆い隠したいといった欲望に向き合う。本質的に全人格を改造するわけではなく、**細かなことで自己客観視をしていく練習をする**わけです。

この授業では、皆の評価の得票数がそのまま試験結果となります。さらに最後に、誰が最もよかったか、ベストプレイヤーを全員に訊《き》く。すると、客観的なベストテンもチャンピオンも決まる。百三十人が投票した結果ですから、公明正大、文句のつけようがありません。

現代というのは、自己客観視能力がなくても、自己肯定力があれば、なんとか生きていける世の中になっているかのように見えます。家にひきこもっていても、定職につかなくても、生きていくことはできる。しかし、かつて、生きていくのが精一杯であった時代には、自己肯定力だけがあっても生き抜くことはできなかった。実際に獲物を捕ってこなければダメだし、働かない者は食べていけなかった。今はそういうことが曖昧《あいまい》でも生きられる時代なので、妙な自信を持ってしまうことがあります。本来おかしなことです。**人間というのはやはり、自己肯定力と自己客観視能力が基本の両輪となって生きていくものです。**

「テンポ」を生かす

日本の会議というのは変に湿っぽいものです。しーんとして、誰か一人よく喋《しゃべ》る人だけが喋っている。『会議革命』(PHP文庫)という本でも書きましたが、本来会議というのは単純なコンセンサスを得るだけでなく、クリエイティブで、インスパイアされるものであることを目的とするはずです。

私はこの沈滞した現状を打開するために、人員を組み替えて二人あるいは三人一組で課題を与え、時間制限を設けてアイデアを出すという取り組みをしています。アイデアが出なかったら終わりです。議論の必要はないから、アイデアを出してくださいと言うと、二人、三人の単位で、皆必死に課題に取り組みます。そのときは上機嫌になり、笑顔が出てくる。全員で一つのテーブルを囲みしーんとしているところでは、テンポのいいコミュニケーションも、笑いも起きないのです。

二人、三人である課題を抱え込みますと、追い込まれ焦ります。焦ってやっているときのほうが、笑いが起きる。上手に緊張感を持たせ、コミュニケーションのテンポがいい状態を作ると、**同じ会議でも、島を作ってアイデアを出してもらうほうが精度が高くなります。**

仕事のできる人には、上機嫌な人が多い。**本当にできる人は、テンションが高くて上機嫌、一つずつの動作、話すテンポが速いのです。**頭の回転が速い分、コミュニケーションの速度も速くなる。

高齢者の方にゆっくり話しかける人がいますが、それを高齢者の方は喜んでいないと、介護の現場の人から聞いたことがあります。

私は非常に速く話します。速いけれども小学生でもついてきます。小学生と八十代が一つの会場にいるケースもありますが、子どもは速いテンポを喜びます。七十代、八十代の方には速すぎるかなと思っても、いやおかげさまで頭がしゃきっとしましたという方が多い。いつもゆっくり、「おばあちゃん、どーう？　お元気ですかー？」といわれると、イライラするそうです。ゆっくり話しかけられるのは、バカにされて低く見られている感じですし、それに慣れてしまうと今度は淀んできてしまう。**テンポの速い語りで、どんどん脳味噌《のうみそ》をかき混ぜると元気になってくる。**

ハイテンポは、元気を引き出します。英単語を記憶するとき、テンポを上げてやると、効果は高くなります。**気分が前向きであるほうが脳の吸収力が高いのです。**

私は、子供たちに英単語を三つひとまとまりにして覚えさせてみました。ポンポンポン、はい次、ポンポンポンポンといった調子で、リズムをつけてやるのです。さらに、日本語でポンポンポンと三つ続けて意味を言います。木魚をポクポクポク、と三つ打つイメージです。リズムやテンポをよくすることは、人間によく効く、不機嫌を上機嫌にするいい薬です。テンポに乗ると、英単語を記憶するようないわば不機嫌に陥りがちな活動も、上機嫌に持っていきやすくなります。

会議や授業で、これはダメだなと思うのは、テンポの緩い、遅い授業です。子どもや社員が淀んでしまう。リズムに乗ったときのほうが、からだは疲れにくい。

リズムを持つ、何かを通して、リズムを摑《つか》む。

もちろん速度は固有のもので、人によって異なります。ある程度ミディアムテンポ、あるいはスローテンポのほうが調子が出る、という方もいるでしょう。

また、場を司《つかさど》らずとも、時折口を挟むことで場を盛り上げるというタイプの人もいます。静かに聞いていても不機嫌ではないと周りにも伝わる人は、自分のテンポがある人です。**テンポというのはからだを貫いている基本的な要素です。自分のテンポにうまく乗れると、落ち込んだ気分が上がってくるのです。**

即効性があって道具がいらない「拍手」

シンプルですが一番効果があるのは、拍手を頻繁に取り入れることです。子どもたちとか大学生に、何か一つ覚えたことを言ってもらうとします。それで終わりにしますと、変な沈黙が残ってしまいます。何か、疲れが残る。そのときに全員で拍手をすると、一息つく感じがある。大勢の行動に一つひとつ区切りをつけるという意味が、拍手にはあるのです。区切りがつかないと、私たちはとても疲れ、不機嫌になってきます。**一つ終えて次にいくという意味で、拍手はとても自然で効果的なものです。**

たとえば「最も知的な話をしてください」という課題を学生に出すとします。四人で順番にやって、最も知的な話をした人を「せいの」で指さすという、かなり冷酷なゲームです。

指さしただけで終わってしまうととても厭な空気が残ります。指さして、確認して

一、二秒ぐらい経ったときに、じゃ拍手をして！と言うと、うそのように場は流れる。区切りをつけて次へ進もうという感覚が共有できるからです。

これをどんどんやっていくと、三弾ロケットのようなもので、区切りをつけた分だけ勢いが出てくる。一定の時間ずっと同じような調子で、上機嫌でハイテンションを保つことは難しいのですが、その中を細かく拍手で区切っていくと、前の活動でダメだった人でも復活できるようになります。ゼロの状態から同時にスタートできるようになります。拍手によって、常にフラットな出発点に戻る。拍手は気分が新鮮になり、場を終了させる有効なツールとなります。いわば、時間に対する送別という意味合いで拍手する。これを頻繁に取り入れると、全員に活気が出てきます。リハビリや作業療法にも利用できるでしょう。**間に拍手を挟むだけで、終わったという達成感が得られ、気持ちが整って切り替えができるのです。**

拍手されると褒められているような気にもなります。私はそれを会議にも取り入れています。

これはビジネスセミナーでやっているメソッドですが、メンバーを四人程度のグループに分け、始める前に時間を区切る。五分なら五分以内で、具体的なアイデアだけ出してくださいと要求します。残業を減らす具体的アイデア、あるいは生産効率を上げるための具体的アイデア、といった形で限定を付ける。

初めに、全員で体操をします。**からだが硬いままでは、思考も硬くなってしまうからです。** 次に、学生の授業と同じように、グループごとで拍手をし、全員でハイタッチをしてから、ディスカッションに入る。なかなか具体的なアイデアが出ないと、アイデアを出した人を「せいの」で指さして、拍手するという方法にしてみる。新しいアイデアが一つでも出たら、その場で、四人で拍手をしてくださいというと、三十組程度のグループが、一つの花畑のような感じになって、あちこちでぽんぽんぽんと拍手の花が咲きます。**拍手をしているので、明るい雰囲気で受け止められる。** 相互にいい影響を及ぼし、拍手がさらに大きくなるわけです。

最後に、新しいアイデアが出たチームは、拍手してくださいといったところ、全体の雰囲気が非常に活気づきました。会議が終わったときも、全員で、「終わった、終わった」と拍手をする。

すると、基本的に仕事の話をしているのですが、上機嫌になることができるのです。

上機嫌を「出し続ける」

カラオケでも音読でもいいのですが、声を出し、発散し、からだが適度に疲れる、ということとは大事なことです。また、テンションを要求する英語のテキストを一ページ、二ページ読んでいるだけでも、気分は上がってきます。

男子学生にディスカッションをさせると、最初は面倒くさがりますが、喋り慣れると今度は上機嫌になる。ストレスが抜け、喋りきったところでさらに気分が上がる。**上機嫌を維持するポイントは、とにかく出し続けることです。**人間は回転している状態がちょうどいい。出すとうまく流れるのです。表現ができるようになると、空気の重さも次第に軽くなってくるのです。

上機嫌の状態を習慣化させ、技にする。上機嫌を繰り返し起こすことによって、気分的、身体的にイマイチでも、機嫌を高いところで保つことができる。反復によって力となっていくのです。

誰といても不機嫌という人はあまりいません。基本は不機嫌な人でも、たとえば子どもや恋人、ある特定の対象を前にすると、上機嫌になるものです。

「ご機嫌を伺う」という言葉がありますが、機嫌は察知し合うものですから、一人でいるときに不機嫌、上機嫌というのはあまり問題になりません。自分のウォークマン的な世界に引きこもって快適というのは、意味がないのです。

上機嫌を「技」という場合は、およそ誰に対しても「上機嫌」、オールマイティということになります。つまり、**上機嫌力があるということは、人間としてのレベルがそうとうに高い**ということになります。

一流の経営者は、例外なくハイテンションです。時々キレることはあるかもしれませんが、基本的に、なぜこの人はこんなにテンションが高いのか、というような状態を保っている人が多い。外に出て、理由もないのに上機嫌。これは、見られているという意識をエネルギーに変えているためです。それが、上機嫌力のある人の特徴です。

相手の言葉を「繰り返す」

私は授業で、学生に英語でのディスカッションをさせます。英語の場合、充分にテンションが上がってないと、日本語以上に沈黙が場を支配してしまいます。そうして言葉に詰まったとき、私は相手の言った言葉をもう一度、肯定的に繰り返すことを勧めます。

たとえば、「I did it five times.」と相手が言ったら、「five times?」というように、部分だけを切り取ってみる。新たな局面に展開させる必要はないのです。英語的な相槌《あいづち》でアハァ、ンーンーでもよいのですが、そのほうがハードルが高く、使いづらい。日本語でも何も反応しない人が、突然英語で相槌を打てるわけがありません。反応をせずただ聞いているだけですと、発表する側の勢いも、場の元気もだんだんなくなってくる。一人で発表し続けるテンションが、当然落ちてきます。

一番簡単なのは、自分が気に入った単語をもう一回繰り返して反応することです。

実に単純ですが、これをやると、それだけで空気が上機嫌になってくるのです。
「Oh, fantastic!」という一言を加えていけるとさらによい。そうすれば、相手は「Yes, I did.」と言って次の文に入り、気分がまた浮き立っていきます。

相手の言っていることを聞きながら、主観で面白いと思うフレーズや、客観的に面白いと思う単語を、色分けしてみるのです。これは、『三色ボールペンで読む日本語』(角川書店)という本で取り上げているメソッドですが、客観的に大事と思うところを赤、まあ大事と思うところを青、主観的に面白いと思うところを緑で色分けし、情報を整理するという手法です。色分けすることによって、相手の話のポイントが明確になり、どこのフレーズや単語を繰り返したらよいかが見えてきます。

「うっそー」「君は間違っている」とか、「すごいねー」「なるほど」という**相槌の代わりに、もう一度相手の言った言葉を繰り返す。**一見単なる鸚鵡《おうむ》返しのようですが、意外とシンプルに場を和ませることができます。若い人がやると、どんくさい空気が流れると思うかもしれませんが、実際にやってみると自然に入ってくるものです。特に相手が聞いてもらいたかったポイントを繰り返すと、相手は勇気づけられて次に踏み出すことができます。

相手の言葉を使いながら肯定していくカウンセリング理論は、一般にも応用されていますが、ここでは、落ち着きのある深い感じではなく、ご機嫌なカウンセラーをイメージしてください。

「相談」を持ちかける

相談を持ちかけるというのも効果的なメソッドです。相談を持ちかけられた側は、気楽にこころを開き、機嫌がよくなるものです。その際、課題を明確にして、相手がある程度具体的なアイデアを出せるようにする。

中島らもさんの、『明るい悩み相談室』（朝日文芸文庫）というのは、楽しい企画でした。今まで身の上相談というと暗い感じでしたが、明るい悩み相談には、知性がないと明るく応《こた》えられません。

「青春している父とうまく付き合っていくにはどうすればいいか？」なんて、難問珍問を抱えた相談者が続出なのです。中島さんは、この相談者に対し青春ごっこに付き合うべきだとアドバイスします。そして、①「白い雲のバカヤロー！」と叫ぶ、②「不潔だっ、大人なんて」と吐き捨てるようにつぶやく、③太陽に向かって意味もなく走る、という具体的な提案をします。馬鹿馬鹿しいほどの上機嫌ぶりです。「人生がうまくいかないときはどうしたらいいでしょうか」というように抽象的な相談だと、答えようがありませんが、これくらい具体的にふっきれた答えがかえってきたら、やってみるしかありません。

仕事上の悩みもある設定状況さえ作ってしまえば、極めて上機嫌に相談できます。具体的な問題点を打開するため、アイデアを出すという共通の目的を二人が持つと、互いに攻めに回ることができます。要するにタッグを組んで問題を攻める状態になると、片方だけが話を聞いてもらっているという感じではなくなります。ビジネスの場合は、雰囲気がアグレッシブになっている必要があります。獲物を追いかける動物のような状態が望ましいのです。**二人の間でアイデアをどんどん出すという段階に入ると、空気が盛り上がってきます。**

一般論に落ち込むと、悲観論に傾いていく。具体論にいくと前が見えてくる。議論が一般的、抽象的にならないように、具体的なアイデアを目指してゆくと、雰囲気は明るくなってきます。

自分の「色紙」を作る

色紙《しきし》は、値段のわりに威力があるツールです。

言葉は、書きとめることによって独立した力を持つようになります。最近、色紙に言葉を書く機会がよくあるのですが、ノートに書くのとは全く違う力が生まれることに気づきました。

自分が考えて書いた言葉がそこにあると、その気分から離れた後も、言葉が効力を持ち続けます。書いたときの気分はなかなか維持できませんが、**書いたときの、気の張っている自分は、文字になって残る。**

文字が人に与える影響というのは予想外に大きい。自分の気分を張りのある状態に戻すために、非常に効果があります。掛け軸に書くぐらいの気合いを入れてもいいと思うのですが、書いて、置いて、見るというところが肝心です。自分から出た言葉は、自分に影響を与えるものです。本からとった一言でもよいのです。

私の知人は、宮沢賢治の『稲作挿話』から文言を抜き、「雲からも風からも　透明なエネルギーが　そのこどもにそゝぎくだれ」という部分を色紙に書いて、家の壁に飾っておいた。子どもや孫が、毎日その基本的な精神を「見て」、影響を受けて育つ。子どもや孫まで持続する力がある。

色紙は手軽です。

言葉をずっと覚えておくのは労力のいることですが、眼で確かめられればその必要がありません。さらに言えば、色紙というのはなかなかよくできたもので、書くときに人に緊張を強いるものです。ずっとこれを飾っておく可能性があるかと思うと、下手な字で変な言葉を書けません。

自分で自分の色紙を作る。人の色紙を飾っておくのではなく、自分で書く。

これが、気分をコントロールする有効なツールとなります。

受験生のときは、「日々是《これ》決戦」などと書いて貼っていた方もいるでしょう。あれは、盛り上がる、雰囲気作りができる。

言葉を文字にすると、存在感が俄《が》然《ぜん》増してきます。字には呪《じゅ》術《じゅつ》力があります。文字が訴えかけてくる。文明というのは文字ですから、これを利用しない手はありません。

「エネルギーの循環」で、上機嫌は可能になる

会話をキャッチボールに譬《たと》えることがよくありますが、ボールがリズムよく行き来するのは双方にとってとても気持ちのいいことです。喋っていることの疲労は変わらないはずなのに、無反応な人を相手にしていると、話し手は非常に疲れるものです。うまくレスポンスして返してくれる、少なくとも理解や共感を持っているという頷《うなず》きがあれば、全く疲労せずに済むものです。応答がない中で放っておかれれば、どんな人でもどうしても不機嫌になります。

循環していることはそれ自体、エネルギーの本来の姿です。疲れるからやらない、

かったるいからやらないでは、循環が起こりません。疲労が蓄積するだけなのです。
人は会話のキャッチボールの中で、お互いの気分を高めあってゆくのです。教職課程で義務付けられている介護の授業でも、行く前は億劫《おっくう》がっていた学生たちが、行くと元気になって帰ってくる。「かったるい」「うざい」と、他人との交流を放棄しがちな人も、多少面倒くさくても反応が返ってきたほうが、むしろ元気になるのです。

エネルギーを上手にキャッチボールし、交流によって気分を高める。誰かそういった人がいれば一番ですが、何を媒介とすれば、自分の循環がうまくゆくかを確かめましょう。たとえば楽器は、自分のからだの動きが音として跳ね返ってくる。大変に気持ちのいいものです。

カラオケというのも、なかなかに力のある文化です。不機嫌に陥りがちなお父さん方にとって福音であったかもしれません。基本的に、歌ってリズムに合わせて声を出すことは、気分を開放します。上機嫌モードに入るツールとして利用できる。

歌うのにも抵抗がある人は、言葉を声に出して読むだけでもよい。回し読みも効果があります。たとえ一人の場合でも、口に出して言っているうちに気持ちが盛り上がってくる。ややハイテンポで読めばさらにいい。これも、一種の習慣であり、技化可能なものです。

不機嫌な状態を治すのに、薬を使う人が最近は多いように見受けられます。薬物にはたしかに一定の効果がありますが、不機嫌さを解消する手だてが他にないと、身近にいる家族にあたったり、弱い立場の者をいじめてみたり、残酷な腹いせをしてみたりと深刻な事態を呼び起こす危険性があります。また、薬物に頼って気分を高揚させるようになると、これも深刻な問題です。

小さな努力の積み重ねで、上機嫌は可能になる。それによって、自分の存在意義も肯定される。**深刻な不機嫌から如何《いか》にシンプルに脱出するか。**落ち込みがちな時代だからこそ、物や薬はできるだけ使わず、手軽に気分をスイッチできる方法、習慣的にできる技をものにしなければなりません。

まとめ　上機嫌の作法

バカと不機嫌に歯止めをかけよう

「テンションが高いと、頭が悪い」という思い込みを捨てましょう。**頭がいいという状態と上機嫌は、むしろ一致すべきものです。**

私は頭がいい人というのは、場や人、意味の繋《つな》がりによって現実を把握することができる人、全体の文脈が読める、文脈力のある人、と定義します。相手の持つ文脈がわかり、場の流れがわかる。人間にとって最もストレスが多いのは、自分を発揮できない、何をやりたいのかわからない、意味のわからないことをさせられるといった状態です。文脈力のある人は、場に流れる意味を摑《つか》み取ることができますから、常に頭がスッキリとしている。意味を摑めるということは、自分の能力が発揮された状態ですから、非常に幸福なわけです。

その中で敢《あ》えて場をかき乱す不機嫌さを提供することは、全く無意味ですから、**頭**

のいい人、知性のある人は、人と一緒にいる際、常に上機嫌であるはずだと考えます。

勉強しすぎるとキレる、というのも誤った考え方です。頭がいいほうが状況がわかるのですから、キレることは少なくなるはずです。もし勉強をしすぎてキレるということがあるのだとすれば、それは偏った知識ばかりを詰め込みすぎて、からだとこころがバランスを失い、その結果頭が悪くなったためです。**知性があるというのは、自分の気分をコントロールできることです。**不要な不機嫌さによって不快感を相手に与えることもありませんから、基本の気分はこれも幸福です。

気分を整える技術と、知性・教養は連動できるのです。

「頭なんかよくなくたっていい」

「不機嫌が悪いかっていうんだ」

これらの開き直りは、人間の向上心を損なう二大悪習だと私は思います。こんな思いにとりつかれている限り、人は前向きに生きていくことはできない。頭のよさと機嫌のよさ、その双方が満たされたとき、人は人生に対して幸福感を得ることができるのです。

「厳しく辛辣に、上機嫌」が人を伸ばす

上機嫌というのは今まで、単なる「気分」と捉《とら》えられていました。気分というのは、刻々の状況によって変わるものですが、それに対し「上機嫌力」というのは技ですから、身につければどんな状況でも繰り返し使うことができるものです。

自分が笑顔でいられる状態を、意識的に作り出す。これを繰り返すうちにそれが技になって、どんなときでも上機嫌が可能になる。このように機嫌を技として捉え直すことは、今までなかった考え方です。

上機嫌力にとって、内側から湧き上がってくる感じは非常に大切な感覚です。たとえばファストフード店の店員のように、笑顔は笑顔でも相手に対して機械的な反応をしているだけでは意味がありません。ナチュラルでない笑顔というものは、相手にも「張り付いたような笑顔」であるという印象しか与えません。楽しくてしょうがないという気持ちが、内側から外に出てくるような表情になると、これは上機嫌です。一

緒にいる時間を祝福するという感覚です。この時間が楽しいと思っていると、上機嫌は内側からシュワーッと出てきます。

上機嫌というのは、いいことしか言わないもののように思われるかもしれません。悪口を言わないで人をよく言う、褒めて育てる、気を遣っていいことしか言わない。それは一見上機嫌であるような印象を与えますが、私の考える上機嫌力とは違います。

私の授業の特徴は、**大変に上機嫌な状態で、そうとうに辛辣《しんらつ》なことを言い続けること**です。しかし、この場合のきついことというのは、客観的な意見です。

「これができないのは、本当に実力がないんだね」と文字で書くと、それは非常に暗い言葉になります。同じことをご機嫌な状態で言うとどういうメッセージになるか。私の言ったことを客観的な評価として受け入れてくれ、と言うことになります。その上で、対策を考えるのが教師の仕事なのだから、君たちはここから一歩ずつ階段を上っていくのだ、そのためのメッセージなのだ、と伝えることができます。

逆に、客観的な評価をせず、「君たちには才能があるからできるよ」「君はそれでいいんだ」と言い続けることには、無理があります。いい状態にないからこそ、教育をしているのです。

たとえば授業で、「本を一ヶ月に何冊読みますか?」と聞くと、たいていの場合、半数以上の学生から「一冊も読みません」という答えが返ってきます。そのままでいいわけがありません。「今のあなたではダメです」とはっきり伝え、自覚を促すしかない。ところが、それを不機嫌に言うと相手には受け入れがたくなる。なぜなら、私が主観や気分でものを言っている感じが強くなるからです。

さらに不機嫌が極まると、それは単なる恫喝《どうかつ》や癇癪《かんしゃく》に聞こえます。「お前らバカじゃないの」「それじゃ話にもなんないよ」と、吐き捨てるように言ったとしたら、相手は本を読む気になるでしょうか? ノーです。相手の状態に対し肯定的に、次を見つめた上での発言でなければ、忠告としては受け止められません。

他人《ひと》のこととしてはわかるはずです。しかし、あなたも不機嫌な状態になると、同じようなことを言ったりやったりしているのです。

不機嫌には、次の未来に向かっていくという感じがありません。

事態はこのように悲惨であるけれども、ここに向かっていこうと上機嫌に言うと、

態度そのものが一つのメッセージになる。常に未来に向かって、一緒にやろうという発話者側の意思が伝わるのです。

東京オリンピックで日本の女子バレーボールチーム「東洋の魔女」たちをリードした大松監督のような、スパルタの指導法は、今の時代に合いません。同様に、不機嫌に相手を追い込んでやる気を引き出すやり方は、いよいよダメになっています。

では、どうしたらよいか。

ハード且つ上機嫌。挑戦する内容は厳しく、なお且つ上機嫌で、それに取り組むことが、社会を活性化するのです。

上機嫌でハード、いかにしてここに持っていくか。

今の時代の大多数を占めるのは、緩い環境で不機嫌という、最も非生産的な態度です。世の中が全部緩いものに見え、かったるいという感じがしてしまう。緩くて上機嫌な人というのも当然ありますが、それでは新しいものは生まれません。

厳しい状況に対し、「厳しすぎて笑っちゃうよね」と笑って言うことが、現代的な知性のあり方です。**上機嫌は、現状から一歩抜け出し、新しい現実を生み出す作法な**

のです。

社会を活性化するのは、上機嫌の作法だ

一人でいるときに上機嫌である必要はありません。しかし、**上機嫌力は、他の人によって触発されて引き出される力です。**一人が続いているとだんだん寂しくなって、この引き出される感じを忘れてしまいます。

私はその術中にはまって、泥沼状態に陥りました。周りにあまりにも人がいないと、触発されるものがありません。

私の場合、上機嫌は基本的に人数に比例します。二人でいるときにはテンションも人並みですが、三人、四人と増えて行くにつれ、上機嫌度が増してくるのです。千人相手の講演となると、「そんなに不機嫌そうで、どうしたの、みんな?」と、一人だけ舞い上がった状態になります。最初はそんな私に呆《あき》れる聴衆も、次第にこちらのテンションに影響され、一時間たつとすっかり上機嫌になって帰っていくのです。

講演の最後に、請われて歌舞伎の『白波五人男』を演じて見せることがあります。人前で、歌舞伎役者でもアナウンサーでもない私が演じますと、見るほうは、馬鹿馬鹿しさを通り越して何かスッキリしてくるのです。これは非常に重要なことです。「馬鹿馬鹿しい」とわかっていて、なお且つ突き抜けるところが、知性なのです。

私もそうでしたが、**不機嫌は癖になります。**なぜか。やり始めると結構快感なのです。他の人が気を遣ってくれるし、相手の不機嫌に対しても不機嫌で対抗すれば何も怖くないような気がしてしまう。さらにいえば、頭が働いてない状態でもごまかせる。不機嫌は、甘い罠《わな》のようなものです。**しかし、不機嫌は力にはなりません。**自分には快感でも、他人は気持ちよくない、社会を不活性化する「不作法」なのです。

まずは、不機嫌の度合いを減らしましょう。そうしないと、いよいよ浮いた寂しい中高年期、老年期を迎えることになります。全体にテンションが落ちてきている以上、これを引き上げるしかありません。

上機嫌な人同士が接触して起こるエネルギーには、膨大な可能性があります。人を前にしたときには上機嫌になる作法を身につける。その習慣づけによってこそ、コミ

ユニケーションが、社会が活性化するのです。

あとがき

私は最近、あることに気がついた。

それは、「本当にできる人は上機嫌」だということだ。

しかも、その上機嫌は、技になっている。いいことがあったから上機嫌、厭なことがあったから不機嫌というのでは素人。

機嫌にも、素人、玄人があるのだ。

かつて私も、不機嫌沼にどっぷりとつかっていた。そのときは、運も悪かった。人に疎《うと》まれ、意地悪もされた。

しかし、あるとき、上機嫌は身につけるべき技だと思いいたった。

上機嫌は、強運を呼び込む。

下手な占いを信じるよりも、上機嫌力を身につけるほうが、確実に運を引き寄せる。

私たちがどんな人に惹《ひ》かれるか思い起こせば、わかりやすい。それは、いつでも上機嫌な人だ。

この本が形になるに当たっては、角川書店の伊達百合さん、郡司珠子さん、そして阿部久美子さんにお世話になりました。

この本で、上機嫌上手な人が増えてくれることを願っています。

平成十七年二月

齋藤 孝

参考文献

第一章
谷川俊太郎『谷川俊太郎詩集』ハルキ文庫　一九九八年六月
石川啄木著、金田一京介編『一握の砂・悲しき玩具――石川啄木歌集』新潮文庫　一九九二年
酒井順子『負け犬の遠吠え』講談社　二〇〇三年十月

第二章
ゲッツ板谷『板谷バカ三代』角川文庫　二〇〇三年八月
J-WAVE編『DREAMS　夢への道のり』ぺんぎん書房　二〇〇五年一月
淀川長治『人生でみつけた　大切なこと』経済界　一九九三年四月
黒柳徹子、淀川長治『徹子と淀川おじさん　人生おもしろ談義』NTT出版　二〇〇二年七月
「婦人画報」二〇〇五年一月号　アシェット婦人画報社
宇野千代『生きて行く私』角川文庫　一九九六年二月

「スポルティーバ」集英社　二〇〇二年六月号、二〇〇五年三月号

第三章

ヘルマン・シュミッツ著、小川侃編『身体と感情の現象学』産業図書　一九八六年九月
M・メルロ＝ポンティ著、中島盛夫訳『知覚の現象学』法政大学出版局　一九八二年五月
野口晴哉『整体入門』ちくま文庫　二〇〇二年六月
野口三千三『原初生命体としての人間』三笠選書　一九七二年
「婦人画報」二〇〇五年一月号　アシェット婦人画報社

第四章

齋藤孝『声に出して読みたい日本語3』草思社　二〇〇四年四月
山崎正和『不機嫌の時代』講談社学術文庫　一九八六年二月
齋藤孝『ムカックからだ』新潮文庫　二〇〇四年六月
志賀直哉『清兵衛と瓢簞・網走まで』新潮文庫　一九六八年九月
夏目漱石『行人』新潮文庫　一九五二年
坂部恵編『和辻哲郎随筆集』岩波文庫　一九九五年九月

夏目伸六『父・夏目漱石』文春文庫　一九九二年二月
安本末子『にあんちゃん　十歳の少女の日記』西日本新聞社　二〇〇三年六月
エッカーマン著、山下肇訳『ゲーテとの対話　上、中、下』岩波文庫　一九六八、一九六九年
三輪健司『人間良寛――その生成と新生』恒文社　一九八五年十月
三島由紀夫『金閣寺』新潮文庫　一九六〇年
林真理子『不機嫌な果実』文春文庫　二〇〇一年一月
田口ランディ『もう消費すら快楽じゃない彼女へ』幻冬舎文庫　二〇〇二年二月
綿矢りさ『蹴りたい背中』河出書房新社　二〇〇三年八月

第五章

齋藤孝『会議革命』ＰＨＰ文庫　二〇〇四年四月
中島らも『中島らもの明るい悩み相談室』朝日文芸文庫　一九九六年七月

齋藤　孝（さいとう・たかし）
1960年静岡県生まれ。東京大学法学部卒。同大学教育学研究科博士課程を経て、現在明治大学文学部教授。専門は教育学、身体論、コミュニケーション論。主著に、『身体感覚を取り戻す』（新潮学芸賞）『声に出して読みたい日本語』（毎日出版文化賞特別賞）『理想の国語教科書』『三色ボールペンで読む日本語』『からだを揺さぶる英語入門』『呼吸入門』『座右のゲーテ』『「頭がいい」とは、文脈力である。』など多数。

上機嫌《じょうきげん》の作法《さほう》

齋藤《さいとう》　孝《たかし》

二〇〇五年三月十日　初版発行
二〇一三年三月五日　十二版発行

発行者　井上伸一郎
発行所　株式会社角川書店
〒一〇二―八〇七八
東京都千代田区富士見二―十三―三
電話／編集　〇三―三二三八―八五五五

発売元　株式会社角川グループパブリッシング
〒一〇二―八一七七
東京都千代田区富士見二―十三―三
電話／営業　〇三―三二三八―八五二一

http://www.kadokawa.co.jp/

装丁者　緒方修一（ラーフイン・ワークショップ）
印刷所　暁印刷
製本所　BBC

角川oneテーマ21　B-65

ISBN4-04-704194-7 C0295